Wilhelm-Mathias Josten / Raupen im Sauerkraut

Wilhelm-Mathias Josten

Raupen im Sauerkraut

Vergnügliche Satiren
aus Deutschland

Morstadt Verlag

CIP Kurztitelaufnahme der Deutschen Bibliothek

Josten, Wilhelm-Mathias: Raupen im Sauerkraut:
vergnügliche Satiren aus Deutschland /
Wilhelm-Mathias Josten. —
Kehl; Strasbourg; Basel: Morstadt, 1987

ISBN 3-88571-169-9

© 1987 Morstadt Verlag Kehl Strasbourg Basel
3. Auflage
Verlagsort: Kehl
Gesamtherstellung: Druckerei Morstadt, Kehl
Schutzumschlag: Siegbert Marusczyk

Inhalt

Warnung 9

Ursache und Wirkung 11

Sechs Tage sollst du arbeiten 17

Das Sparprogramm der Regierung 23

Was kostet eine Beleidigung? 29

Der Circulus vitiosus 36

Wie verführt man seine Frau? 42

Orpheus in der Unterwelt 48

Wer viel fragt, geht viel irre 59

Der Kreislauf des Patienten 63

Verschieden wie Tag und Nacht 68

Doitsh für loite fon hoite 75

Unzeitgemäß 79

Freiflug 85

Der Nabel der Welt 94

Fußballpsychotechnik 102

Das Traumhaus 108

Samson und Delila 118

Do it yourself 124

Ist alles clear? 130

Das schwache Geschlecht 139

Non olet 144

Der ungleichberechtigte Mann 149

Blauer Qualm 156

Wachse und du lebst länger 161

Urlaubsträume 166

Der Walkmann 172

Unternehmergewinne 179

Typisch Frau 187

Das Geheimnis der starken Männer 190

Wie produziert man Streß? 197

Der Sozius 202

Es muß gespart werden 208

Haben Sie schon einen Talisman? 214

Trimm dich fit 218

Branchenchinesisch 224

Denen, die guten Willens sind 229

Das unbeugsame Recht von 1896 235

Wenn das Verhältnis nicht stimmt 241

Der Stachel in meinem Fleisch 248

Deutsche Sprache, schwere Sprache 255

Die eheliche Fernsehkrise 260

Der Ertrag unseres Volkes ohne Abzug 266

Der zukünftige IQ 272

Warnung

Bevor Sie dieses Buch lesen, bedenken Sie bitte, daß ein satirischer Schriftsteller ein von Natur aus böser Mensch ist. Er denkt nicht daran, die geistig moralische Erneuerung des deutschen Wesens, an dem die Welt genesen soll, nur durch das Autofenster oder auf dem Bildschirm des Fernsehers zu betrachten. Er will die Dinge so sehen, wie sie wirklich sind, und er sagt dann auch, wie sie sind.

Es läßt sich daher nicht vermeiden, daß der Leser in diesen Geschichten sich selbst, andere Menschen oder Ereignisse wiedererkennen wird. Sollten es die anderen sein, wie wohltuend, über sie herzhaft zu lachen. Sollte man es selbst sein, so genügt ein Schmunzeln, denn die Wahrheit ist in diesem Buch immer vergnüglich. Gelogen wird in diesem Buch nicht, denn die Lüge ist häßlich, allein schon wegen ihrer kurzen Beine.

Noch eines der Ordnung halber. Ähnlichkeiten mit lebenden Personen sind unvermeidlich und außerdem beabsichtigt. Jede Ähnlichkeit mit dem Leser dieses Buches ist jedoch rein zufällig und frei erfunden.

Zustande gekommen ist dieses Buch durch den Argwohn des Autors. So, wie Wilhelm Busch schon gesagt hat:
> Wer durch des Argwohns Brille schaut,
> sieht Raupen selbst im Sauerkraut!

Ursache und Wirkung

Plötzlich stagnierte das Wirtschaftswachstum unseres Landes. Von einem Tag zum anderen steckten wir mitten in der Rezession. Verzweifelt bemühte sich unsere Regierung, die Ursache zu ergründen. Nichts! Keiner konnte ermitteln, warum wir davon heimgesucht wurden. Die Schnelligkeit, mit der die Rezession um sich griff, hatte verheerende Folgen. Entlassungen bei der Radio- und Fernsehindustrie, Drosselung der PKW-Produktion, Absatzschwierigkeiten bei den Stahlwerken, Rückgang im Baugewerbe. Jedes Unternehmen wurde betroffen. Aber warum nur? Die Regierung erkannte lediglich, daß das auslösende Ereignis im eigenen Land gesucht werden mußte. Eine hausgemachte Wirtschaftsflaute. Nur, wodurch wurde sie ausgelöst?

Nun ist der Tag gekommen, an dem ich bekennen kann, daß ich diese Rezession verursacht habe, ich ganz allein. Und das kam so:
Ich hatte mir eine Hifi-Anlage bestellt. Eine mit lasergesteuertem Doppelvergaser und High-Super-Disc. Sie sollte im Wohnzimmer einen Ehrenplatz erhalten. Meine angeheiratete Innenarchitektin hatte jedoch geringfügige Einwendungen:

„Das Ding kommt mir nicht ins Haus! Ich will hier keine Lautsprecher herumstehen haben, die so groß wie Elbkähne sind! Außerdem will ich meine Ruhe haben! Wenn du mit diesem Monstrum hier ankommst, gehe ich!"
Kurz darauf rief mein Rundfunkhändler an:
„Ihre Super-Hifi-Anlage ist eingetroffen."
„Die können Sie behalten!"
„Was?? Sind Sie wahnsinnig? Sie können mich doch nicht auf einer Anlage von 15.000,— Mark sitzen lassen? Wollen Sie mich ruinieren?"
„Es tut mir leid, aber ich bin vor die Wahl gestellt worden, entweder Ihre Anlage oder meine Frau zu behalten. Ich behalte meine Frau, die habe ich bereits bezahlt."
Der Rundfunkhändler fluchte wie ein Stallknecht und überlegte, wie er den Schaden ausgleichen könne. Danach rief er seine Verkäuferin zu sich:
„Ich kann Sie mir nicht mehr leisten. Hier ist Ihre Kündigung." Als nächstes griff er zum Telefon und sprach mit dem Verkäufer des Autohändlers:
„Sie müssen meinen neuen Wagen abbestellen. Im Augenblick kann ich ihn nicht bezahlen!"
Der Autoverkäufer hatte kaum den Hörer aufgelegt, als die Verkäuferin des Rundfunkhändlers ihn mit der Nachricht niederschmetterte:
„Ich muß den bestellten PKW stornieren. Mir ist gekündigt worden."
Der Autoverkäufer raufte sich die Haare. Seine Provisionen waren zum Teufel. Jetzt fehlte ihm das Geld für die geplante Wohnungsrenovierung. In seiner Not rief er den Malermeister an:

,,Ich muß die Renovierung meiner Wohnung zurückstellen. Mir fehlt dazu das Geld."
Gerade hatte der Malermeister den Hörer aus der Hand gelegt, als die entlassene Verkäuferin sich schon am Apparat meldete und ebenfalls auf ihre Wohnungsrenovierung verzichtete. Der Meister rannte aufgeregt zu seiner Frau:
,,Was sagst du dazu? Nichts als Absagen! Willst du mir mal sagen, wovon ich meine Verpflichtungen bezahlen soll?"
Zum Glück wußte seine bessere Ehehälfte Rat:
,,Du mußt eben auch sparen! Entlasse einen der Gesellen! Und wozu mußt du einen neuen Wagen haben?"
Der Meister rief den Autoverkäufer an und verlangte die Löschung seines Auftrages über den neuen Kombi. Dann kündigte er einem seiner Gesellen, worauf er sich wohler fühlte. Der Geselle, so plötzlich ohne Arbeit, setzte sich mit dem Rundfunkhändler in Verbindung:
,,Ich muß auf den bestellten Stereo-Fernseher verzichten. Ich bin ohne Arbeit."
Danach telefonierte er mit dem Autoverkäufer und stornierte den neuen Sportwagen.
Der Rundfunkhändler fluchte schlimmer als zuvor und überlegte, was zu tun sei. Er rief den Anstreichermeister an:
,,Ich muß auf den Neuanstrich meines Hauses verzichten. Die Geschäftslage ist hundsmiserabel!"
Kaum war der Rundfunkhändler diese Sorge los, als sich der Autoverkäufer meldete und seinen Videorecorder abbestellte. Dem Rundfunkhändler ver-

schlug es die Sprache. Wenn dieser Trend sich fortsetzte, würde er in des Teufels Küche geraten. In panischer Hast rief er seinen Großhändler an:
„Stornieren Sie meine nächsten Lieferungen! Auf dem Markt ist der Teufel los. Alle Kunden verzichten auf ihre bestellten Geräte. Ihr Vertreter braucht sich hier nicht mehr sehen zu lassen!"
Der Großhändler ärgerte sich maßlos. Er warf dem Vertreter mangelnde Betreuung dieses Kunden vor und setzte ihn an die Luft. Danach rief er den Autohändler an und verzichtete auf den neuen Wagen, den er ursprünglich für den nunmehr entlassenen Vertreter vorgesehen hatte. Als vorsichtiger Kaufmann setzte er sich noch mit seinem Architekten in Verbindung:
„Sie können noch nicht mit dem Neubau beginnen. Der Markt ist im Augenblick absolut undurchsichtig. Ich möchte erst die weitere Entwicklung abwarten."
Der Architekt, so plötzlich seines Neubaus beraubt, verständigte den Autohändler, daß er die bestellte Limousine nicht abnehmen könne. Inzwischen hatte der entlassene Vertreter bei dem Malermeister seine Wohnungsrenovierung abbestellt. Der Malermeister trennte sich von einem weiteren Gesellen, der dann seinerseits seine Kaufverträge über einen PKW und über eine Stereo-Anlage für uneinlösbar erklärte. Zur gleichen Zeit telefonierte der Architekt mit dem Chef des Bauunternehmens und informierte ihn, daß der Großhändler den Neubau zurückgestellt habe.
Der Bauunternehmer würgte noch an diesem Auf-

tragsverlust, als nacheinander der Malermeister und der Autohändler anriefen und ihre Bauaufträge rückgängig machten. Total geschockt, schrie er nach seinem Bauführer und wies ihn an, zehn Mann der Belegschaft zu entlassen. Die entlassenen Leute stornierten ihre Aufträge über Autos, Videorecorder und Fernseher. Daraufhin geriet der Autohändler in Katastrophenstimmung. Er führte ein langes Gespräch mit dem Produktionswerk und stoppte sämtliche Anlieferungen. Der Rundfunkgroßhändler sprach noch länger mit seinen Lieferwerken und verzichtete auf alle Lieferungen.
In den Herstellerwerken nahm man die Informationen sehr ernst. Manager haben ein Gespür für Marktentwicklungen. Als erste Vorsichtsmaßnahme verzichteten sie auf alle Bauvorhaben. Die daraufhin bei den Baufirmen entlassenen Bautrupps verzichteten auf neue PKWs und auf alle Arten von Empfangsgeräten. Die Kettenreaktion setzte sich fort. Weitere Auto- und Rundfunkhändler überraschten die Fabriken mit immer neuen Hiobsbotschaften. Dort traten die Planungsbüros in Aktion. Um Überkapazitäten zu verhindern, wurden die Fertigungen gedrosselt und die Belegschaften abgebaut. Die Zulieferfirmen und die Stahlwerke mußten zwangsläufig die gleichen Maßnahmen ergreifen. Alle Bereiche der Wirtschaft wurden jetzt in Mitleidenschaft gezogen. Die Rezession war nicht mehr aufzuhalten. Die AEG mußte Vergleich anmelden, Nordmende, Saba, Schaub Lorenz und andere Firmen verkauften ihre Betriebe. Die Autohersteller legten ganze Produktionsstraßen still.

Tausende von Unternehmen mußten Konkurs anmelden. Die Ursache dieser gewaltigen Rezession konnte, wie schon gesagt, niemals ermittelt werden.

Nun aber können alle wieder Hoffnung schöpfen. Zum Glück kann ich das Ende der Rezession ankündigen. Der Aufschwung ist in Sicht. Gestern hat meine eheliche Konjunkturbremse ihren Widerstand aufgegeben. Morgen werde ich meinem Rundfunkhändler den Auftrag geben, die Hifi-Anlage zu liefern.
Morgen kommt die Wende!

Sechs Tage sollst du arbeiten

Als Adam im Paradiese lebte, war von Arbeit nicht die Rede, er wandelte nur lustvoll im Garten umher. Damit er bei der Lust nicht mehr zu wandeln brauchte, gab Gott ihm Eva zur Seite. Nun konnten sie sich zu zweit die Zeit mit einem reizenden Hobby vertreiben, denn Gott sagte zu ihnen:
,,Mehret euch und füllet die Erde!"
Leider beachtete er nicht, daß man jedes Hobby übertreiben kann, weshalb wir heute keinen Parkplatz mehr finden.

Später, als Adam und Eva das Paradies verlassen und im Schweiße ihres Angesichtes ihr Brot verdienen mußten, befand es Gott für gut, die Arbeitszeit zu regeln. Er sprach:
,,Sechs Tage sollt ihr arbeiten, aber am siebenten Tage da sollt ihr ruhen von euren Werken!"
Das war das Stichwort für den Auftritt des Widersachers der göttlichen Sechstagewoche. Leichtgläubig, wie Frauen sind, hatte Eva diesem Arbeitsgegner bereits bei der ersten Obsternte geglaubt, so daß diese Obsternte ohne Mithilfe der EG ein voller Reinfall war, und Adam und Eva aus dem Garten Eden vertrieben wurden.

Adam und seine männlichen Nachkommen hatten aus dieser Erfahrung gelernt und gingen, wie von Gott befohlen, sechs Tage in der Woche zur Arbeit. Den reizenden Zeitvertreib mit ihren Ehefrauen beschränkten sie auf den siebenten Tag. Sie erfanden und produzierten die schönsten Dinge: Raumfähren zum Mond, Panzer, Atombomben, Banknoten und die Antibabypille. Weil durch die Antibabypille ihre Frauen keine Kinder mehr bekamen, konnten sie auch noch am siebenten Tage arbeiten. So fanden sie Zeit, auch noch den Reißverschluß, das Heizöl, das Nummernkonto in der Schweiz und die Sekretärin zu erfinden. Ihre Familien blickten stolz zu ihnen auf. Von ihren Weibern wurden sie geehrt, und für ihre Kinder waren sie beispielgebendes Vorbild. Die Männer versorgten ihre Familien mit netten kleinen Geschenken, wie Mofas, Radiorecorder und Hochschulstudien für ihre Kinder sowie Pelzmäntel und Zweitwagen für ihre Frauen. Ihre Arbeit war ihnen keine Last, sondern eine Lust.
Das ließ den Gegner der göttlichen Sechstagewoche nicht ruhen. Um durch ein generelles Arbeitsverbot das Paradies wiederherzustellen, veranlaßte er in den christlichen Ländern die Entstehung der Gewerkschaften, denen Arbeit ein Greuel ist. Ganz besonders in unserem arbeitsfreudigen Land gingen die Gewerkschaften ernstlich gegen die Sechstagewoche vor. Wieder wandten sich die Arbeitsgegner an die Frauen und zeigten ihnen ein Plakat, auf dem eine glückliche Ehefrau zu sehen war, die ihre Arme um ihren Gatten schlang und dabei ausrief:
„Sonntags gehört er mir!"

Aus Liebe zu ihren Frauen gaben die Männer nach und blieben des Sonntags daheim. Von ihrem Erfolg ermutigt, zeigten die Gewerkschaften auf ihrem nächsten Plakat Kinder, die glücklich auf ihrem Vater herumsprangen und dabei ausriefen:
„Samstags gehört Papi uns!"
Die Männer liebten ihre Kinder, gaben wiederum nach und blieben des Samstags zu Hause. Leider kamen sie deshalb nicht mehr dazu, das Videogerät und die automatische Kamera zu erfinden. Das erledigten für sie die Japaner. Die Japaner sind Schintoisten, daher hat die christliche Sechstagewoche für sie keine Bedeutung. Sie dürfen, wenn sie wollen, und sie wollen gerne, zehn Tage in der Woche arbeiten. Bei uns aber arbeiteten die Männer nur noch fünf Tage in der Woche. Allerdings mußten sie wegen der Vierzigstundenwoche die Erfindung der Mikro-Elektronik und deren Produktion den Japanern überlassen. Das übernahmen diese problemlos. Gewerkschaften sind dort nicht gerne gesehen. Hier jedoch wollten die Gewerkschaften immer noch das arbeitslose Paradies wiederherstellen. Darum lautete ihre nächste Forderung:
„Nicht mehr als fünfunddreißig Stunden!"

Zwangsläufig arbeiteten die Männer in unserem Land nur noch fünf Tage zu sieben Stunden. Das störte nicht weiter, denn die Produktion von besseren und billigeren Autos und Motorrädern übernahmen die Japaner. Da diese sich bereit erklärten, auch noch die Massenherstellung von Hifi-Anlagen und Fernsehgeräten zu übernehmen, konnten die

Gewerkschaften bei uns die Achtundzwanzigstundenwoche durchsetzen. In diesen verbliebenen vier Tagen kamen unsere Männer nicht mehr zum Erfinden. Das mußten sie den Gewerkschaften überlassen. Diese erfanden: die ‚Neue Heimat', ‚Co-op', ‚Bank für Gemeinwirtschaft' und die ‚Vierzehnstundenwoche'. Aus Freude darüber erklärten sich die Japaner bereit, die Finanzierung unserer Arbeitslosenversicherung und unserer Renten zu übernehmen. Das versetzte die Gewerkschaften in die Lage, die Nullstundenwoche einzuführen.

Das Ziel war erreicht, das Paradies ohne Arbeit war wieder hergestellt. So dachten die Gewerkschaften. Aber der Erfolg war niederschmetternd. Ehepartner, die jetzt eine gemeinsame Siebentagewoche hatten, eilten zum Scheidungsanwalt. Familienväter, die früher die alleinigen Unterhalter ihrer Familien waren, wurden jetzt zu Alleinunterhaltern ihrer Familien. Bei dieser Aufgabe wurden sie nur spärlich vom Fernsehen unterstützt, da Japan auch die Programmgestaltung übernommen hatte.
Traurig holten unsere Männer ihre japanischen Rasenmäher hervor. Durchgruben mit japanischen Kultivatoren ihre Schrebergärten, um japanischen Reis anzupflanzen. Fuhren mit japanischen Autos zum japanischen Supermarkt, um sich Schlitzaugen zu kaufen, in der Hoffnung in dieser Verkleidung bei Kawasaki als Reifenaufpuster unterzuschlüpfen. Da auch das von den Gewerkschaften verboten wurde, flehten sie zu Gott und klagten:
,,Herr, du hast gesagt: Im Schweiße deines Ange-

sichtes sollst du dein Brot verdienen. Wir würden gerne schwitzen, um zu verdienen, am liebsten so viel, wie die Gewerkschaftsbosse an der ‚Neuen-Heimat' verdient haben. Aber siehe, Arbeit gibt es nur noch in Japan und bei den Gewerkschaften."

Da sandte Gott seinen Erzengel zu den Vorsitzenden der Gewerkschaften, und der Erzengel sprach zu diesen:
„Was habt ihr getan? Wurde nicht auch euch gesagt: ‚Sechs Tage sollst du arbeiten, aber am siebenten Tage sollst du ruhen?'"
Und die Gewerkschaftsvorsitzenden antworteten:
„Aber bitte, das tun wir doch! Siehe, bei ‚Co-op', bei der ‚Bank für Gemeinwirtschaft', bei der ‚Neuen-Heimat' und in unseren Verwaltungen arbeitet jeder Beschäftigte immer noch sechsundfünfzig Stunden in der Woche!"
Da sah sogar der Erzengel rot! Die Erde tat sich auf, verschlang die Gewerkschaftsführer und sie stürzten in die tiefste Hölle!
Bei uns aber kehrten die braven Männer zur Sechstagewoche zurück. Sie waren wieder glücklich und erfanden wunderbare Dinge, wie den Umweltschutz, reine Luft, sauberes Wasser und reinen Wein. So konnten nach ihnen auch ihre Kinder und Kindeskinder in unserem Land leben und arbeiten.
Der Erzengel aber bestellte den Fürst der Hölle zu sich und fragte ihn:
„Wie funktioniert deine Hölle? Läuft dort alles nach vorgesehenem Plan?"
Der Oberteufel aber klagte und jammerte:

,,Leider nein, oh Herr, denn seitdem die Gewerkschaftsbosse in der Hölle sind, ist bei uns der Teufel los! Sechs Hochöfen und acht Feuerwalzstraßen sind bereits stillgelegt. Geheizt wird nur noch vierzehn Stunden in der Woche, und ich kann nichts dagegen tun, sie streiken sonst ganz, und das Feuer würde ausgehen. Ich wüßte nicht mehr, was ich machen sollte, wenn wir nicht ab und zu ein paar Japaner bekämen. Das sind die einzigen, die auf Teufel komm raus arbeiten!"

Das Sparprogramm der Regierung

Minister:
„Wir müssen sparen, sparen und nochmals sparen. Es fehlen bereits wieder zehn Milliarden Mark im Staatshaushalt. Bitte, machen Sie mir Vorschläge."
Berater:
„Wir könnten die Steuern erhöhen."

Minister:
„Ist bereits geschehen. Es fehlen immer noch zehn Milliarden."
Berater:
„Wir könnten die Steuern nochmals erhöhen."

Minister:
„Auch schon erledigt. Die zehn Milliarden fehlen immer noch."
Berater:
„Wir könnten einen Einstellungsstop für Beamte und Staatsangestellte verfügen."

Minister:
„Sehr gut. Wieviel bringt uns das ein?"
Berater:
„Das hängt davon ab, wie viele Personen wir nicht einstellen."

Minister:
„Wie viele Beamte und Staatsangestellte müssen wir zur Zeit bezahlen?"
Berater:
„Fünf Millionen."
Minister:
„Die arbeiten alle für den Staat?"
Berater:
„Nein, die nicht!"
Minister:
„Ja, wer arbeitet dann für uns?"
Berater:
„Fünfundzwanzig Millionen Steuerzahler!"
Minister:
„Und wieviele wollen wir davon nicht einstellen?"
Berater:
„Wenn wir darauf verzichten, aus den fünfundzwanzig Millionen Steuerzahlern Beamte zu machen, haben wir vierhundert Milliarden Mark an Gehältern gespart."
Minister:
„Alle Achtung. Da wird sich der Kanzler aber freuen, wenn ich ihm das mitteile."
Berater:
„Dadurch bekommen wir aber ein Problem."
Minister:
„Was denn noch? Vierhundert Milliarden Mark einsparen, das soll mir mal einer nachmachen."
Berater:
„Wenn wir niemanden mehr einstellen, dann müssen fünf Millionen Staatsdiener fünfundzwanzig Millionen Steuerzahler verwalten. Ein ungeheueres

Arbeitspensum. Das ist ein Verhältnis von 1:5. Normalerweise war vorgesehen, diesen Stand auf 1:1 zu bringen."

Minister:
„Was schlagen Sie vor?"
Berater:
„Rationalisieren."
Minister:
„Und wie?"
Berater:
„Durch Arbeitseinsparung. Das Anlegen und die Bearbeitung von Akten muß vereinfacht werden. Ich denke an ein Beschleunigungsverfahren mit dem wir 50 % des bisherigen Arbeitsaufwandes einsparen können."

Minister:
„Das könnte ich sogar als Wahlkampfthema verwenden."
Berater:
„Ganz bestimmt, denn wir sparen 50 % an Arbeit, ohne daß wir eine einzige Person aus dem Staatsdienst entlassen. Das ist eine soziale Rationalisierung."

Minister:
„Phantastisch. Legen Sie los. Wie machen wir das?"
Berater:
„Es bedarf nur einer generellen Anordnung, daß bei allen Diktaten, Niederschriften, Akten, Briefen, Mitteilungen und Notizen die gebräuchlichen Abkürzungen verwendet werden müssen."

Minister:
„Hört sich einfach an."
Berater:
„Ist es auch. Nehmen Sie zum Beispiel das Wörtchen ‚Herr'. Es besteht aus vier Buchstaben. Die Abkürzung lautet ‚Hr.'. Nur zwei Buchstaben. Eine Einsparung von 50%. Bereits bei einem Wort. Die deutsche Beamtensprache aber kennt ca. 80.000 Wörter. Das summiert sich ungeheuer. Außerdem muß diese Summe dann noch mit dem täglichen Aktenausstoß multipliziert werden. Das ergibt eine astronomische Zahl."
Minister:
„Faszinierend. Bitte, machen Sie weiter."
Berater:
„Hier ein gutes Beispiel. Denken Sie an die bekannte Formulierung ‚Unter üblichem Vorbehalt', die besteht aus zweiundzwanzig Buchstaben. Die Abkürzung lautet: u.ü.V., das sind nur drei Buchstaben. Das ist eine Einsparung von 86%! Und das sowohl beim Diktat, bei der Niederschrift und während des späteren Lesens."
Minister:
„Überzeugend. Machen wir aber noch einen Test, bevor wir diese Anordnung verabschieden."
Berater:
„Gerne. Zunächst ein normales Diktat mit der nachfolgenden üblichen Niederschrift:

Herr Steuerzahler!
Der Regierungspräsident hat mit oben angeführtem Erlaß von Rechts wegen und nach Verwaltungsvor-

schrift gemäß dem Bundesgesetzblatt-Verzeichnis die erforderliche Zustimmung, bis auf weiteres, unter üblichem Vorbehalt erteilt, die wir zu den Akten genommen haben. Da wir als ausführende Behörde mit der Wahrnehmung beauftragt sind, erbitten wir in dieser Sache um Ausgleich der Kosten gemäß Gebührenordnung.
Sie sehen, Herr Minister, Diktatzeit eine Minute, Niederschrift drei Minuten, Lesezeit eine halbe Minute, zusammen vier und eine halbe Minute. Und jetzt dasselbe unter Verwendung der gebräuchlichen Abkürzungen:

Hr. Steuerzahler!
Der RegPräs. hat m.o.a. Erl. v.R.w. u.n.V. gem. d. BGBL.V. d. erf. Zust., b.a.w., u.ü.V. erteilt, d. w. z.d.A. gen. haben. Da w. a. a. B. m.d.W.b. sind, erb. w. i.d.Sa. u. Ausgl. d. Kost. gem. GO.

Herr Minister, sehen Sie sich das Ergebnis an: Diktatzeit eine halbe Minute. Niederschrift eine Minute. Lesezeit eine viertel Minute. Insgesamt nur eine Minute und fünfundvierzig Sekunden anstelle der vier Minuten und dreißig Sekunden. Eine Arbeitsersparnis von 60%!"
Minister:
„Gewaltig! Kann man diese Arbeitserleichterung auch in eingesparten Arbeitsstunden ausdrücken?"
Berater:
„Fünf Millionen Staatsdiener arbeiten täglich acht Stunden, das sind vierzig Millionen Arbeitsstunden pro Tag. 60% davon sind vierundzwanzig Millio-

nen Arbeitsstunden, die wir pro Tag einsparen. Das Jahr hat zweihundert Arbeitstage. Somit sparen wir im Jahr vier Milliarden und achthundert Millionen Arbeitsstunden."

Minister:
„Damit ist die nächste Wahl gewonnen."

Berater:
„Was halten Sie davon, wenn wir dieser Aktion einen Namen geben?"

Minister:
„Eine gute Idee. Wissen Sie schon einen Namen?"

Berater:
„Es wäre passend, hierfür auch eine Abkürzung zu nehmen."

Minister:
„Und welche?"

Berater:
„L. m. A. a."

Minister:
„Das habe ich doch schon mal irgendwo gehört. Was bedeutet das?"

Berater:
„Leichter mit Abkürzungen arbeiten."

Was kostet eine Beleidigung?

Wir haben in unserem Land fünfundzwanzig Millionen Kraftfahrzeuge. Bei einer durchschnittlichen Fahrzeuglänge von vier Metern hat diese Blechschlange eine Länge von 100.000 Kilometern, also den zweieinhalbfachen Erdumfang. Von Flensburg bis Schaffhausen erzittert unser Land unter dem Gedröhn von drei Milliarden PS. Die Erschütterung läßt Blätter und Nadeln von den Bäumen fallen. Der Bleigehalt der Auspuffgase hat das Land mit einer festen Bleikruste überzogen. Dadurch ist der Boden endlich gegen den sauren Regen immun geworden. Glücklicherweise ist der eigene Auspuff hinten, so daß man selbst von der schlechten Luft verschont bleibt.
Erschwerend kommt hinzu, daß es eine unübersehbare Anzahl schlechter Autofahrer gibt. Dazu gehören die Hutträger, die Frauen, die Jugendlichen, die Pendler, die Bauern, die Landkreisbewohner, die LKW-Fahrer, die Mercedes- und Dieselfahrer, die Kleinwagenbesitzer und die, die mit Wohnwagen oder sonstigen Anhängern unterwegs sind. Von den ausländischen Autofahrern, den Fahrrad- und Motorradfahrern, Fußgängern und ähnlichen Verkehrshindernissen ganz zu schweigen. Dabei ist je-

der Autofahrer überzeugt, daß er der einzig gute Verkehrsteilnehmer ist. Durch Kraftausdrücke und unmißverständliche Gesten zeigt er den anderen Verkehrsteilnehmern, wie er über ihre Fahrweise denkt. Da diese ihre eigenen Fahrkünste anders beurteilen, revanchieren sie sich gleichermaßen. Dazwischen springt die Polizei herum. Jeder Wagenlenker, der auch nur den Versuch macht, seinen Wagen zu parken, wird unter Androhung von Bußgeldern wieder in das Chaos zurückbefördert.
Als Folge dieses Verkehrskampfes verzeichnen die Gerichte eine Schwemme an Beleidigungsklagen. Jeder beleidigt jeden und alle gemeinsam die Polizei. Die dabei benutzten Kraftausdrücke füllen bereits ganze Archive. Um eine schnellere Abwicklung der Gerichtsverfahren zu ermöglichen, wurden alle Beleidigungsformulierungen in einem Rechtskatalog zusammengefaßt und zwar mit genauen Preisangaben. So können die Richter schnell über die Wiedergutmachungsansprüche der Beleidigten entscheiden.

,,Hiermit ist die Verhandlung eröffnet."
Womit der Gerichtsvorsitzende sagen wollte, daß sich alle hinsetzen könnten. Es setzten sich, außer dem Vorsitzenden, ein Beisitzer, ein Gerichtsschreiber, ein Staatsanwalt und ein Sachverständiger. Außerdem ein Polizist, der wissen wollte, ob er ein Wegelagerer sei, und ich, der wegebelagert wurde, sowie mein Anwalt.
,,Der Angeklagte", so fuhr der Vorsitzende fort, ,,wird beschuldigt, am 25. Mai den Wachtmeister

Kamischke als Wegelagerer bezeichnet zu haben. Das nur deshalb, weil der Wachtmeister aus einem Gebüsch hervortrat, als der Angeklagte seinen Wagen im Halteverbot abstellen wollte. Angeklagter, geben Sie die Beleidigung zu?"
An meiner Stelle antwortete mein Anwalt:
„Herr Vorsitzender, mein Mandant hat das Wort Wegelagerer nicht benutzt, sondern lediglich den Wachtmeister gefragt: ‚Ei, ei, was lagert denn da am Wege?'"
„Herr Wachtmeister", wollte der Vorsitzende wissen, „haben Sie dort gelagert?"
„Nein, ich war im Dienst."
„Angeklagter, sagen Sie mir, warum stellten Sie Ihren Wagen ausgerechnet im Halteverbot ab?"
„Weil ich nicht wußte, daß der Bulle dort im Gebüsch steckte", antwortete ich, um die Wahrheit und nichts als die Wahrheit zu sagen. Das veranlaßte den Staatsanwalt, wütend aufzuspringen:
„Herr Vorsitzender, ich beantrage, den Angeklagten wegen der Bezeichnung Bulle zu 300,— DM zu verurteilen. Es ist beleidigend, einen Ordnungshüter als Rindvieh zu bezeichnen!"
Der Vorsitzende nahm seine Preisliste zur Hand, schaute unter dem Buchstaben B nach und bestätigte: „Der Preis stimmt. Ein Bulle kostet 300,— DM. Angeklagter, Sie haben an den Wachtmeister 300,— DM zu zahlen. Sollten Sie auf weitere Kraftausdrücke nicht verzichten wollen, so weise ich daraufhin, daß ein Stinkstiefel bereits für 200,— DM zu haben ist. Also, Herr Wachtmeister, was hat nun der Angeklagte genau zu Ihnen gesagt?"

„Ich belegte ihn wegen verbotenen Anhaltens in einer Halteverbotszone mit einem Bußgeld von 60,— DM. Er bezahlte mit der Bemerkung: Verfluchtes Wegelagerergesindel!"
Das brachte meinen Anwalt in Fahrt:
„Herr Vorsitzender, 60,— DM wegen verbotenen Anhaltens, das ist das reinste Raubrittertum!"
Der Vorsitzende griff nach seinem Preisverzeichnis und verkündete:
„Das Raubrittertum kostet Sie 1.000,— DM. Zahlbar an den Wachtmeister. Bei ‚dienstgeil' wären Sie mit 400,— DM davongekommen."
Der Wachtmeister rieb sich die Hände und murmelte:
„So ein blöder Hund!"
Sofort schlug das Gesetz mit aller Härte zu. 1.200,— DM für den Rechtsanwalt. Vom Wachtmeister zu zahlen. Der fluchte jetzt lautlos. Der Gerichtsschreiber wollte wissen:
„Soll dienstgeil ins Protokoll?"
„Nein", entschied der Vorsitzende, „streichen Sie das."
„Verdammter Mist!"
100,— DM für den Vorsitzenden. Das Geschäft florierte. Der Sachverständige kam meinem Anwalt zu Hilfe.
„Herr Vorsitzender, 1.000,— DM für die Bezeichnung Raubrittertum erscheint mir sehr überzogen. Die Raubritter kassierten nur zehn Prozent des Warenwertes, dafür gewährten sie den Karawanen Schutz und Geleit. Verglichen mit dem Bußgeldkatalog der Polizei muß das als human bezeichnet wer-

den. Deshalb stellt sich die Frage, ob Raubrittertum als Beleidigung anzusehen ist."
Das veranlaßte den Staatsanwalt, sich mit dem Zeigefinger an die Stirn zu tippen. Machte 300,— DM für den Sachverständigen. Dann meldete sich wieder mein Anwalt:
„Ich schließe mich den Ausführungen des Sachverständigen an. Ich nehme das Raubrittertum zurück. Es ist Wegelagerei!"
Das brachte ihm eine Rückzahlung von 200,— DM ein, auf Kosten des Wachtmeisters. Der geriet dadurch plötzlich mit 100,— DM ins Minus, weshalb er meinen Anwalt als Witzbold bezeichnete. Das kostete ihn nochmals 600,— DM. Jetzt kam der Vorsitzende wieder auf meine Injurien zu sprechen:
„Dem Angeklagten wird vorgeworfen, den Wachtmeister als Wegelagerer und als Gesindel bezeichnet zu haben."
Mein Anwalt erhob Einspruch:
„Das ist nicht möglich. Denn diese Formulierungen beziehen sich auf eine Mehrzahl von Personen. Es war aber nur ein Wegelagerer im Gebüsch!"
Dafür bekam der Wachtmeister 800,— DM von meinem Anwalt. Danach wollte der Vorsitzende wissen:
„Wachtmeister, waren Sie wirklich der einzige Wegelagerer?"
Kaum hatte er das ausgesprochen, als er auch schon seinen Fehler erkannte. Aber zu spät. Nochmals 800,— DM für den Polizisten.
„Dusselkopf", bemerkte der Beisitzer. Kostete ihn 300,— DM.

„Ich war allein", antwortete der Wachtmeister.
„Und was, Angeklagter, haben Sie zu dem Wachtmeister gesagt?"
„Ei, ei, lagern Sie hier ganz allein am Wege?"
„Verdammter Lügner", brüllte der Wachtmeister.
Diesmal bekam ich 800,— DM. Dann wurde der Sachverständige aufgerufen, sich zu äußern:
„Herr Vorsitzender, die Worte des Angeklagten lassen erkennen, daß er als erfahrener Verkehrsteilnehmer die Absicht hatte, das Gebüsch zu durchsuchen. Hätte er den Wege... hm Wachtmeister dort entdeckt, wäre er sicherlich weitergefahren. Leider wurde ihm keine Gelegenheit gegeben, seinen guten Willen zu beweisen. Man betrachtet diese Zusammenhänge als Synonymie, wofür man den Angeklagten nicht verantwortlich machen kann."
„Alter Depp", entfuhr es dem Staatsanwalt. 700,— DM für den Sachverständigen. Dann durfte der Staatsanwalt seine Meinung zu meinem Fall sagen:
„Herr Vorsitzender, es gibt keinen Zweifel. Laut Beleidigungspreiskatalog ist der Angeklagte zu 800,— DM zu verurteilen!"
„Armleuchter", meinte der Sachverständige. 500,— DM!
Danach wurde mein Anwalt aufgerufen:
„Da der Wachtmeister für seine Vorwürfe keine Zeugen benennen kann, verlange ich für meinen Mandanten Freispruch!"
Der Vorsitzende beriet sich mit seinem Beisitzer und erkannte auf Freispruch.
„Scheiße", sagte der Wachtmeister, womit er seine

letzten 100,— DM an den Vorsitzenden verspielt hatte. In diesem Augenblick wurde die Tür aufgerissen, und ein wutschnaubender Polizist erschien. Er brüllte:
,,Ist hier vielleicht der dämliche Vollidiot, der seinen Wagen in der Toreinfahrt abgestellt hat und dadurch unsere Einsatzfahrzeuge blockiert?"
Der dämliche Vollidiot war ich. Was mir nochmals 1.500,— DM einbrachte. Alles in allem kein schlechtes Geschäft.

Der Circulus vitiosus

Eine Ehefrau ist ein zyklisches Geschöpf. Sie unterliegt einem periodisch ablaufenden Geschehen, einem Kreislauf regelmäßig wiederkehrender Dinge oder Ereignisse. Mit unabänderlicher Regelmäßigkeit wird sie kochen, putzen, die Betten und ihre Kinder frisch beziehen. Ebenso regelmäßig wird sie stets die gleichen lebensnotwendigen Dinge einkaufen, wie Butter, Eier, Käse, Kleider, Schuhe, Blusen, Handtaschen, Kosmetik, Schmuck und Pelzmäntel. Dieser Kreislauf unterliegt jedoch einem Beschleunigungsprozeß. Dieser ergibt sich einerseits aus dem Anwachsen der allgemeinen Güterproduktion und andererseits aus dem Ansteigen der ehefraulichen Nachfrage nach diesen Konsumgütern. Dieses zirkulare Beschleunigungsprinzip beim ehefraulichen Konsumgüterumschlag nannten die Römer den Circulus vitiosus, den Teufelskreis, der sich immer schneller dreht und später dem Erfinder der Kreissäge als Vorlage diente.
Leider hat der Circulus vitiosus dazu geführt, daß viele Ehemänner das Haushaltsgeld zu hoch ansetzen, obwohl sie dadurch ihr verfügbares Einkommen um ein Mehrfaches überschreiten. Der Versuch, auf diese Weise die Periodizität der Haus-

haltsgelderhöhungen zu verlangsamen, wird sich immer als Trugschluß erweisen. Die ausgabewillige Ehefrau ist leicht in der Lage, die Anzahl ihrer Einkaufsstunden zu erhöhen, so daß sie bald wieder ihre gewohnte Rotationsgeschwindigkeit erreicht. Je schneller sich jedoch der Haushaltsgelderhöhungskreislauf der Ehefrau dreht, um so öfter zeigen sich auch beim Ehemann Kreislaufstörungen. Nicht selten hört man daher in der Haushaltsgelddiskussion von ihm den Ausruf:
„Ich glaube, mich trifft der Schlag!"
Für den Ehemann gelten für alle Haushaltsgeld-Diskussionsrunden folgende Regeln:
1. Seine Gegenargumente müssen besonders brilliant und geschliffen sein.
2. Die Gespräche können nicht lange genug dauern. Je länger das Geld auf der Bank bleibt, desto größer ist der Zinsertrag.

Hier nun eine Gesprächsaufzeichnung im Originalton. Personen: meine mit Haushaltsgeld zu Versorgende und ich als erfahrener haushaltsgelderhöhender Ehemann:
„Alles wird teurer! Von Tag zu Tag! Vielleicht kaufen die Leute deshalb so viel. Um zu sparen."
„Hm."
„Man kauft für fünfzig Mark ein und muß hundertfünfzig Mark dafür bezahlen!"
„Hm."
„Das Geld ist nichts mehr wert! Ich kaufe schon seit Wochen nichts mehr ein und trotzdem langt das Geld nicht!"

„Hm."
Eine sturmerprobte Hausfrau wird die Einleitung nie länger ausdehnen. Sie verliert sonst zu viel Zeit und kommt zu spät zum Einkaufen. Inzwischen ist alles wieder teurer geworden, weshalb sie mit dem Haushaltsgeld nicht mehr auskommt.
„Hörst du mir überhaupt zu? Lege gefälligst die Zeitung weg! Weißt du, was die Butter jetzt kostet? 9.920,— DM die Tonne! Willst du mir mal sagen, wovon ich das bezahlen soll?"
„Hm."
„Für die gleiche Menge Käse muß ich sogar 13.750,— DM bezahlen! Und das von 900,— DM Haushaltsgeld! Gib mir darauf gefälligst eine Antwort!"
„Hm."
Die Fähigkeit, eine Haushaltsgelddebatte so diskussionsstark zu führen, erreicht ein Ehemann erst im sechzehnten Ehejahr. Eine Frau entfaltet diese Fähigkeit bereits an ihrem Hochzeitstag.
„Glaubst du vielleicht, ich gebe zu viel aus? Ich, die jeden Hunderter einmal 'rumdreht? Den Herrn Gemahl, den fragt niemand, wieviel er ausgibt!"
„Hm."
„Sage nur nicht, du hättest kein Geld mehr auf deinem Bankkonto. Dann richte gefälligst ein neues ein!"
„Hm."
„Wovon bezahlt denn der Herr Gemahl jeden Abend Bier und Cognac? Und erst das Auto! Alle naselang Reifenwechsel und Ober- und Unterwäsche! Ich kann mich ja mit Kernseife waschen! Ha-

be ich vielleicht etwas zum Wechseln? Was ich wechseln sollte, wäre der Ehemann!"
„Hm."
„Aber woran liegt das? Du liebst mich nicht mehr!"
„Hm."
„Früher wolltest du mir die Sterne vom Himmel holen und jetzt noch nicht einmal ein paar Mark von deinem Konto!"
„Hm."
„Wahrscheinlich ist da inzwischen eine andere, die von dir ausgehalten wird! Wozu bist du auch sonst so oft auf Geschäftsreisen!"
„Hm."
„Es ist aus zwischen uns! Gehe du nur zu deiner Konkubine! Ich nehme schon die Kinder! Wir werden gehen! Wir werden arm sein, aber verdammt, es wird uns immer noch besser ergehen als mit diesem Geizteufel von Vater!"
„Hm."
„Ich laufe seit Jahr und Tag in denselben alten Fummeln herum, ich schneide mir die Haare selbst, ich nehme Schweineschmalz als Gesichtscreme, ich wärme dir die Pantoffeln an, ich kaufe dir von meinem Ersparten Pfeifenreiniger und Streichhölzer. Und, was ist der Dank? Du willst mich und die Kinder verlassen, um zu deiner Geliebten zu gehen!"
„Hm."

Um als Sieger hervorzugehen, muß der Ehemann in der Schlußrunde eine andere Art der Widerrede anwenden:

„Wenn du noch einen Funken Anstand hast, dann sage mir jetzt, liebst du mich noch?"
„Ja."
„Hast du auch keine Geliebte?"
„Ja."
„Bekomme ich mehr Geld?"
„Ja."
„Kann ich mir auch das Blaugeblümte kaufen? Das, mit der Handtasche, den Schuhen, dem Hut, der Unterwäsche, den Stiefeln und dem dazugehörenden Pelzmantel?"
„Ja."
„Ich wußte es, du liebst mich!"
„Ja."
„Kann ich dein Scheckbuch benutzen?"

Das ist der alles entscheidende Moment! Nie eine Zusage geben, ohne daran eine Bedingung zu knüpfen:
„Nur unter einer Bedingung!"
„Aber sicher Schätzchen, was verlangst du denn?"
„Ich möchte, daß du von heute an ein Haushaltsbuch führst!"
„Aber natürlich, das tue ich doch gerne."

Haben Sie bemerkt, daß es nur darauf ankommt, konsequent zu bleiben? Von nun an kann ich jede Ausgabe meiner Haushaltsgeldschleuder kontrollieren. Als Beweis meines Sieges, hier eine Abschrift ihrer letzten Eintragungen:

Suppengrün	DM	184,50
1 Bluse	DM	2,40

Streichhölzer	DM	99,30
Friseur	DM	3,90
Salz	DM	179,40
1 Kleid	DM	8,60
1 Krawatte	DM	224,80
Kosmetik	DM	1,40

Wie verführt man seine Frau?

Es ist tiefe Nacht. Irgendein verdächtiges Geräusch hat mich geweckt. Mit gesträubten Nackenhaaren lausche ich in die Dunkelheit. Einbrecher? Diebe? Mädchenräuber? MAD? BKA? GSG 9? Wer kann sich in diesen unsicheren Zeiten noch sicher fühlen? Niemand! Doch, eine kann es! Mein von mir beschütztes Eheweib. Sie liegt neben mir und wiegt sich in sicherem Schlaf. Vor meinem geistigen Auge sehe ich ihren weichen, ehemanngerechten Körper. Das bringt mich auf den Gedanken, daß ich sie mit meinem Körper bedecken könnte, um sie vor jeder Unbill zu bewahren. Diese Vorstellung gefällt mir immer besser. Deshalb bin ich bereit, jetzt, in der Stunde der Gefahr, meiner ehelichen Pflicht nachzukommen. Darum schiebe ich mich an die zu beschützenden Rundungen meiner Treusorgenden heran, berge sie in meine Arme, damit sie sich darin dem Schutze ihres Nachtwächters hingeben möge.
,,Verdammt! Laß mich los, du Wüstling! Ich will schlafen!''
Ich erhalte einen Faustschlag auf mein linkes Auge, und mit einem Fußtritt werde ich wieder schutzlos in die Gefahren der Finsternis und in mein Bett zurückbefördert. Ist es die Möglichkeit? Ist das die

Frau, die ich stets, und sei es unter Einsatz meines Körpers, lieben wollte? Betrübt muß ich feststellen, daß ich mit meinem linken Auge in der Dunkelheit nichts mehr sehe. Da nähert man sich seinem Weibe in absolut lauterer und eindeutiger Absicht. Aber anstatt, daß sie sich freut, um 3.40 Uhr nachts liebevoll geweckt zu werden, flucht sie, was sie sonst nur bei Tage tut.

Als Junggeselle ist es leicht, bündelweise Damen zu verführen. Wie aber verführt ein Ehemann seine Frau? Jetzt habe ich Gelegenheit, darüber nachzusinnen. Schlafen kann ich nicht mehr. Mein linkes Auge geht nicht auf oder nicht zu, in der Dunkelheit kann ich das nicht genau feststellen. Der Fußtritt hat meine empfindlichste Stelle getroffen, meine Seele. So ergeht es mir mit meiner Frau immer.
Neulich habe ich versucht, sie vom Kochtopf weg zu verführen. Es war kurz vor der Mittagszeit. Sie stand vor ihrem Herd und bereitete eine köstliche Kapernsoße. Diese wird unter beständigem Rühren mit Speck und Zwiebeln eingeschmälzt und kommt später über die Königsberger Klopse. Ein herrliches Gericht. Der Duft zog mich magisch in die Küche. Dort sah ich die verführerische Gestalt meiner Stetsbegehrten. Bei diesem Anblick überwältigte mich die Liebe zu dieser appetitlichen Köchin. Wie mußten die Klöße erst hinterher schmecken. Leise trat ich an die in die Soße versunkene, glückliche Hausfrau heran und umschlang sie mit meinen Armen.
,,Verdammt! Lasse mich los, du Nichtsnutz! Siehst du nicht, daß ich koche?!''

Ich warf ihr einen seelentiefen, verlangenden Blick zu, wie ihn nur Ehemänner fertigbringen. Nahm ihr zart den Kochlöffel aus der Hand und den Kochtopf von der Platte. Vor Glück schrie ich laut auf. Der Topf war glühendheiß. Instinktiv ließ ich den Topf fallen, worauf er am Boden mit den Kapern um die Wette sprang. Meine Treusorgende war vor lauter Glück, so geliebt zu werden, sprachlos. Vorsichtig, um keine Kapern zu zertreten, verließ ich die Küche, um mich und meine Finger abzukühlen.

Es ist lebensgefährlich, seine Ehefrau verführen zu wollen. Wie man es auch anstellt, jede Methode ist falsch. Selbst Blumen sind wirkungslos. Ich war auf dem Heimweg. Voller Verlangen, mein mir verliebt entgegeneilendes Weib in meine Arme zu schließen. Überwältigt von dieser Vorstellung, kaufte ich noch ein herrliches Bukett Alpenveilchen. Sie eilte mir nicht entgegen, sondern putzte mit unnachahmlichem Charme den Fußboden unserer Diele. So schnell ich konnte lief ich zu ihr, um die Veilchen und meinen Kopf an ihren Busen zu betten. Dann stand ich, der sie begehrende Gatte, vor ihr. Sie kniete in hingebungsvoller Pose vor ihrem Herrn und Gebieter. Ihre unergründlichen Augen blickten demutsvoll zu mir auf, und sie brüllte:

,,Himmel Herrgott, kannst du Trampeltier dir nicht deine Quadratlatschen abputzen?!''
Vor Schreck ließ ich den Blumentopf in den Putzeimer fallen und ging, um mir die Füße und die Tränen abzuwischen.

Obwohl es hoffnungslos ist, habe ich immer wieder versucht, sie zu verführen. Wir wollten ausgehen. Irgendeine Feier in einem noblen Restaurant. Sie hatte sich für diesen Abend schön gemacht und erschien in einem azurblauen Kleid mit einem männerbetörenden Ausschnitt. Es war mir, als sähe ich sie zum erstenmal. Ich entdeckte Dinge an ihr, die ich noch nie gesehen hatte. Besonders ihre langen, weichen Wimpern. Ich war hingerissen. Von mir aus hätte der Abend sofort zu Hause beginnen können. Leidenschaftlich nahm ich sie in meine Arme, drückte sie an die Brust, die sie liebte, und überhäufte sie mit glühenden Küssen. Auch sie ließ sich hinreißen und schrie:
,,Hör auf, du Trottel! Mein ganzes Make-up ist zum Teufel! Nun sieh sich einer das Kleid an! Bist du eigentlich noch bei Sinnen?"
Ich nahm ihre rechte Wimper aus meinem Mund, meine Sinne zusammen, und ging, um mich abzuschminken.

Frauen verstehen nichts von Sex. Sie überkommt dieses Verlangen zu Zeiten, an denen ein Mann weiß Gott andere und wichtigere Dinge zu tun hat. So zum Beispiel, wenn ich in tiefem Nachdenken versunken an meinem Schreibtisch sitze und mir meine Pfeife anzünden will. Pfeifenraucher wissen, daß dies eine kultische Handlung ist, die größte Konzentration und Sorgfalt erfordert. Plötzlich steht sie hinter mir, ihre Arme umschlingen mich wie die Tentakel eines Kraken. Ich verbrenne mir vor Schreck die Finger, die Pfeife fällt mir aus dem

Mund, und meine Manuskripte sind übersät mit Asche und Tabak. Ich versuche, ihr zartfühlend begreiflich zu machen, daß ihre Handlungsweise unmöglich ist und tobe:
„Bist du wahnsinnig? Was soll das? Schau dir die Schweinerei an, die du angerichtet hast!"

Oder, wenn wir vor dem Fernseher sitzen. Ein spannender Western läuft. Henry Fonda als Sheriff. Der alles entscheidende Moment ist gekommen. Allein steht er diesen drei verdammten Halunken gegenüber. Meine Nerven flattern. Ich greife zum Cognacglas, um den Augenblick besser zu überstehen. Da springt sie mit dem Satz einer Tigerin auf meinen Schoß und küßt mich ab. Der Cognac ist zum Teufel. Die drei Halunken auch. Nur, ich habe nicht gesehen, wie der Sheriff das geschafft hat. Der Kopf meiner wild gewordenen Angebeteten hat mir jeden Blick auf die dramatischen Ereignisse verbaut.
„Verdammt! Bist du übergeschnappt? Jetzt habe ich alles verpaßt! Muß das ausgerechnet jetzt sein?"
Meine Frau hat einfach kein Gespür für den rechten Augenblick. Plötzlich wird sie von ihren Gefühlen überwältigt, und im gleichen Augenblick überwältigt sie mich. Um damit fertig zu werden, müßte man als Ehemann einen permanenten Bereitschaftsdienst antreten.

Wenn ich nach der abendlichen Fernsehlast müde und zerschlagen ins Bett wanke, weilt meine Bettgenossin noch im Badezimmer. Dort vollzieht sie irgendwelche Riten, die mir immer verborgen bleiben

werden. Inzwischen bin ich im warmen, behaglichen Bette längst eingeschlafen. Plötzlich ist sie da. Mit eiskalten Händen und noch kälteren Eisbeinen. Ein eisiger Schreck reißt mich aus dem ersten Schlaf. Das, was da angekrochen kommt, ist keine Sexbombe, sondern eine Eisbombe! Und welcher Ehemann will sich schon auf Eis legen lassen.
,,Bist du verrückt geworden? Willst du mich umbringen? Du bist ja die reinste Gefrieranlage!"
Statt Verständnis zu bekunden, wendet sie sich eisig und frostig von mir ab.

So sitze ich in dieser Nacht noch immer schlaflos in meinem freudlosen Bett. Ich suche nach einer Lösung, wie man die unterschiedliche Psyche von Mann und Frau aufeinander bringt. So selten wie eine Mondfinsternis, so selten ist die Gunst der Stunde, zu der sich die Ehepartner in der rechten Stimmung zum rechten Tun begegnen.
Draußen dämmert der Tag. Meine Bettgefährtin erwacht und bemerkt, daß ich sie mit einem geschlossenen und einem lachenden Auge betrachte. Sie krabbelt zu mir und fragt:
,,Schätzchen, warum schläfst du nicht? Hast du schlecht geträumt? Komm, ich nehme dich in den Arm."
Was macht man mit so einer Frau? Als ich sie vor unserer Hochzeit gefragt habe, wie viele Kinder wir wohl bekommen werden, hat sie geantwortet:
,,Meistens werden wir keine bekommen!"

Orpheus in der Unterwelt

Jedes Jahr bereitet mir meine Familie dreihundertfünfundsechzig tolle Tage. Kein Wunder, daß mir der Atem stockt, als am Abend eines solchen Tages meine Treusorgende ihren Schlangenblick auf mich richtet und die Drohung ausstößt:
„Jetzt kommen die richtigen tollen Tage!"
An Flucht ist nicht zu denken. Ich erstarre unter ihrem Basiliskenblick wie ein Kaninchen, das die Schlange verschlingen will.
„Es ist Karneval!"
Wie Keulenschläge treffen mich diese inhaltsschweren Worte.
Karneval! Auf lateinisch: Carne vale! Zu deutsch: Fleisch lebe wohl! Damit ist mein Schicksal besiegelt. Sie will mich der Manneswürde entkleiden, am Narrenseil herumführen und mich vom Hofbräuhaus bis zur Reeperbahn verschunkeln. Sie selbst will in Heidelberg ihr Herz verlieren, während ich bei der großen Polonaise von Blankenese bis Wuppertal auf der Strecke verende. Gott sei meiner Seele gnädig.
„Wir werden eine Sitzung besuchen!"
Warum man diese massenbewegende Veranstaltung ausgerechnet Sitzung nennt, ist mir unerklärlich.

Vielleicht nennt man sie deshalb so, weil bei dieser Konfettischlacht alle Teilnehmer einen sitzen haben.
„Ich werde als Zigeunerin gehen!"
Sie denkt praktisch. Da wir nach diesem Abend so arm sein werden wie die Zigeuner, kann sie das Kostüm gleich anbehalten.
„Du wirst dich als Pirat verkleiden!"
„Ich als Pirat? Ich werde schon seekrank, wenn ich auf einer Kinderwippe sitze."
„Als Pirat wirst du eine Augenklappe tragen, damit du nicht nach anderen Weibern schielen kannst!"
Nur, um mich vor der Versuchung zu bewahren, will sie mich des dreidimensionalen Sehens berauben. Welch eine Liebe!
„Und, warum verpaßt du dir nicht auch eine Augenbinde?"
„Ich schiele nicht nach anderen Weibern!"
Das leuchtet mir ein. Ich werde darauf verzichten müssen, nach den verführerischen Rundungen anderer Damen zu schielen! Doch dazu brauche ich meine Augengläser.
„Und, wie soll ich meine Brille aufsetzen? Etwa über die Augenklappe?"
„Ein Pirat trägt keine Brille!"
Auch das noch. Was ich mit dem einen Auge nicht sehen soll, werde ich mit dem anderen nur verschwommen erkennen können.
„Du brauchst dich die nächsten Tage nicht zu rasieren."
Jetzt ist mir ihr teuflischer Plan klar. Sie will als temperamentvolle, rassige Ungarin zu diesem Fest

erscheinen. In einem bezaubernden Kostüm, das oben aus einem atemberaubenden Dekolleté und unten aus schmissigen, roten Stiefeln bestehen wird. Dazwischen wird sich nur ihre lautere Absicht befinden, niemanden über ihre wohlgeformten Vorzüge im unklaren zu lassen. Ich dagegen soll mich als ein in Lumpen gehüllter, unrasierter, nach Schweiß stinkender, einäugiger Seeräuber präsentieren, damit sich jedes weibliche Wesen schaudernd von mir abwendet.
,,Es wird ein himmlischer Abend werden!"
Womit sie recht behalten sollte.
Sie sieht so betörend aus, daß mir schwarz vor Augen wird, kannte ich sie doch bisher nur mit roten Haaren. Ihre Bluse ist zu durchsichtig, der Ausschnitt zu groß, ihr Bolero zu eng, ihr Rock zu kurz und ihre Beine sind zu lang. Nur gegen die roten Stiefelchen kann ich nichts einwenden. Als wir nebeneinander vor dem Spiegel stehen, wird mir klar, warum man früher Piraten sofort aufgeknüpft hat.
Dann kommt unser Taxi. Ich kann beobachten, wie der Taxifahrer nach meinem Weibe schielt und ihr mit viel zuvielen Handgriffen in den Wagen hilft. Mit schmachtenden Blicken quittiert er ihre Fahrtanweisung:
,,Zur Prunksitzung, bitte."
Danach gibt er mir einen Stoß vor die Brust und knurrt:
,,Hau ab du Saufsack! Besetzt! Lauf zur nächsten Kneipe!"
Glücklicherweise kann ich dem nächsten Taxifahrer einreden, daß ich zur Büttenrede in die Sitzung

muß. Mein karnevallüsternes Eheweib empfängt mich mit den liebenden Worten:

„Verdammt, wo bleibst du denn? Jetzt beeile dich gefälligst und hole die Eintrittskarten, sie sind an der Kasse reserviert!"

An der Kasse scheint ein Irrtum vorzuliegen. Ich versuche der Kassiererin klar zu machen, daß ich nur zwei Eintrittskarten und nicht den ganzen Saal kaufen will. Sie gibt mir den Rat, zu Hause zu feiern, das sei billiger. Mir gefällt der Vorschlag, aber unter den feurigen Blicken meiner Ungarin bezahle ich, piratenhaft fluchend, den närrischen Preis. Lediglich der Schaum vor meinem Mund verhindert, daß die Kassiererin meine Zähne knirschen hört.

Zu den Klängen des Cancan aus Orpheus in der Unterwelt betreten wir den Festsaal. Dort sind die Tische nach den Regeln des Parallelismus nebeneinander aufgestellt. Tischbreite jeweils fünfundzwanzig Zentimeter, Tischlänge zweihundertfünfzig Meter, und gemäß der arithmetischen Reihentheorie stehen an jeder Längsseite dieser Tische fünfhundert Stühle. Wir sitzen daher beengt. Würde man mir den Stuhl wegziehen, ich bliebe ohne Stuhl sitzen. Der Ober reicht mir die Weinkarte. Die darin aufgeführten Preise halte ich für den ersten Karnevalsscherz. Ich lache schallend. Das ist bei dieser Veranstaltung anscheinend nicht angebracht. Meine hauseigene Närrin rammt mir ihren Ellbogen in die Rippen und zischt:

„Benimm dich gefälligst!"

Mein Blick in die erlauchte Runde der anwesenden Narrenhäusler bestätigt mir die Notwendigkeit ihrer

Worte. Alle männlichen Teilnehmer sind zu diesem Narrenfest im Frack erschienen. Die närrischen Damen, im Festgepränge herrlicher Abendkleider oder in entzückenden Kostümen, erstrahlen wie ein Traum aus Tausendundeiner Nacht. Inmitten dieser glanzvollen, vornehmen, illustren Gesellschaft wirke ich mit meiner Galgenvogelphysiognomie wie ein Pavian unter Paradiesvögeln. Ich will mir meine Pfeife anzünden, muß aber darauf verzichten, weil ich dabei den Busen der mir gegenübersitzenden Dame in Brand gesetzt hätte.

Endlich beginnt das Programm. Ein Büttenredner erzählt einen Witz:
‚Frage ich doch meinen Freund: Was machst du am Sonntag?
Sagt er: Ich lasse Drachen steigen. Und was machst du?
Sage ich: Ich könnte eigentlich mit meiner Frau auch mal wieder eine Bergwanderung machen!'
Vor Lachen und wegen des erneuten fürchterlichen Rippenstoßes strömen mir die Freudentränen unter der Augenbinde hervor.
,,Stelle gefälligst deine meckernde Lache ab! Wie kann man über so etwas Abgeschmacktes lachen!''
Bei dem nächsten wirklich blöden Witz kann sie sich vor Vergnügen kaum noch beruhigen:
‚Zwei Nachbarinnen unterhalten sich. Fragt die eine: Wissen Sie eigentlich, daß Ihr Mann Sie betrügt?
Weiß ich längst, sagt die andere, ich weiß, mit wem er mich betrügt, ich weiß auch, wo und wann er

mich betrügt, ich weiß nur nicht, womit er mich betrügt!'
Wie kann man nur über einen solchen Schwachsinn lachen? Frauen haben kein Gespür für gute Witze.

Dann wird geschunkelt. Wegen der engen Sitzordnung muß jede wie auch immer geartete Bewegung von allen ausgeführt werden. Dabei fällt mir meine Pfeife unter den Tisch. Nachdem ich sie endlich gefunden habe, muß ich feststellen, daß irgendwer inzwischen meine Weinflasche ausgetrunken hat. Mit meinem mißtrauischen Auge blicke ich in die Runde der aufgerissenen Gesangsmäuler. Alle grölen: ‚Ich trink den Wein nicht gern allein!' Also, bestelle ich eine neue Flasche. Der Ober bringt sie und schenkt meinem Weibe und ihren vier Verehrern ein. Ich bekomme die restlichen fünf Tropfen und einen fragenden Blick des Obers. Die nächste Flasche reicht schon gar nicht, meine Karnevalsprinzessin hat jetzt sechs Verehrer. Also, noch eine Flasche.
Dann heißt es aufstehen. Einmal hin, einmal her, rundherum, das ist nicht schwer. Mit meinem halbblinden Auge kann ich mich kaum orientieren. Als ich endlich sitze, ist mein Wein wieder weg. Meine Faschingsbraut ist auch nicht mehr da. Nur noch ihre sirenenhafte Stimme und ihr becircendes Lachen sind zu hören. Aufruf zur großen Polonaise! Hoffentlich kommen wir an der Bar vorbei. Die vordere Bar ist mit elf Herren voll besetzt. Ein bewaffneter Saalwächter zerrt mich dort weg und geleitet mich zur Sektbar neben der Tanzfläche.
Jetzt packt auch mich eine wilde Lustigkeit, und

wenn ich die ganze Provinz Champagne kaufen muß. Sekt her! Ich brülle:
,,Helau! Alaaf! Ahoi!"
Dabei bekomme ich von meinem Nachbarn eine Ladung Konfetti in den Rachen geworfen. Das ist Mord! Ich bin kurz vor dem Ersticken. In mordlüsterner Faschingslaune, blind vor Erstickungstränen, aber von Lustgefühlen überwältigt, versuche ich ihn genießerisch zu erdrosseln. Nichts ist schöner als ein lustiger Tod. Gutgelaunt und wonnetrunken kämpft er um sein Leben. Als er schon die Engel im Himmel singen hört, stößt er in wilder Panik den Sektkübel um. Ich bin naß, wie ein aus dem Meer gezogener Seeräuber, weshalb der Barkeeper mich fragt, ob ich in Seenot sei. Jedenfalls paßt die Nässe zu meinem Kostüm.
Vor meinem einzigen freien Auge wogt der Tanz. Unter den tanzenden Damen entdecke ich plötzlich meine angetraute Familiennärrin. Ihr hinreißender Allerwertester, mit dem zu kurzen Röckchen und den roten Stiefelchen darunter, wippt verführerisch auf und nieder. Überschäumend vor Heiterkeit, knalle ich ihr meine Hand in familiärer Verbundenheit auf die hintere, rechte Backe. Begeistert dreht sie sich um und knallt mir ihre Hand ohne familiäre Verbundenheit auf die obere, linke Backe. Verdammt, das Kostüm muß die Trägerin gewechselt haben. Diese Ungarin ist mir total fremd. Lediglich ihre Handschrift kommt mir bekannt vor.
Mein freies Auge färbt sich blau. Auch das paßt zu meinem Kostüm. Vor Lachen rutscht mein Nachbar von seinem Hocker. Verzweifelt versucht er, sich an

meinem Hemd festzuhalten. Mein Hemd, klüger als dieser tölpelhafte Narr, gibt nach. Meine behaarte Seemannsbrust ist zur allgemeinen Besichtigung freigegeben. Mein Kostüm wird immer besser. Ein Auge ist zugebunden, das andere blindgeschlagen, meine Brille ist zu Hause, mein Hemd zerrissen, ich triefe vor Nässe, der Sekt benebelt mein Gehirn, und bei jedem Rülpser versprühe ich Konfetti.
Schwankend und tastend mache ich mich auf den Weg, mein Weib zu suchen. Plötzlich hat mich der Oberaufseher wieder am Kragen, zerrt mich mit sich fort und schnauzt mich an:
„Mann, da sind sie ja endlich! Los, Sie Schnapsdrossel, reißen Sie sich zusammen! Jetzt sind Sie dran!"
„Hören Sie, ich suche nur meine Frau!"
„Das können Sie jetzt öffentlich bekanntgeben! Hier ist Ihr Mikrophon! Nun legen Sie mal los, damit Sie Ihre Frau finden!"
Anscheinend hat er die Kapelle verständigt, denn mit einem mächtigen Tusch bringt sie den tobenden Saal zur Ruhe, so daß ich ins Mikrophon sprechen kann:
„Meine Herrschaften, bitte verzeihen Sie mir, aber ich suche meine Frau!"
Man hat mich verstanden, alle applaudieren.
„Jemand muß sie doch gesehen haben. Sie hat ein ungarisches Kostüm an. Man kann nur nicht erkennen, ob sie drin ist und heraus will, oder ob sie draußen ist und rein will."
Tusch und allgemeiner Jubel. Anscheinend wissen viele, welche Frau ich meine.

„Sie sieht aus wie ein wunderschönes Osterei. Außen hübsch bemalt und innen hartgesotten."
Doppeltusch und frenetische Zustimmung der Herren. Anscheinend kennen sie mein prachtvolles Weib.
„Ich möchte sie wieder haben. Ich habe sie geheiratet, weil sie so ganz anders war als die anderen Frauen. Sie war die einzige, die mich wollte!"
Tusch, Trommelwirbel, Paukenschlag.
„Wir hatten noch nie Streit. Wir waren immer ihrer Meinung!"
Die Damen im Saal werfen mir Kußhändchen zu.
„Wir haben eine gute Ehe. Ohne jede Langeweile. Wir haben beide unsere Hobbys. Ich male und sie kocht. Wenn wir fertig sind, raten wir, was es sein soll!"
Doppeltusch, Fanfare.
„Sie ist eine herrliche Frau. Man kann sich mit ihr stundenlang amüsieren, ohne nur ein einziges Mal zu lachen!"
Der Saal verlangt in Sprechchören, diese Frau zu sehen.
„Sie liebt mich! Sie sagt, ich wäre wie ein Vulkan! Alle zwei Jahre ein Ausbruch!"
Dreifacher Tusch.
„Sie will, daß ich sie an drei Stellen sehr innig küsse. Ibiza, Costa Brava und Sylt!"
Die Kapelle intoniert: ‚Ja, das haben die Mädchen so gerne!'
„Sie ist einmalig! Sie war schon auf dem Lyzeum ihren Klassenkameradinnen weit voraus. Die waren zehn, und sie war fünfzehn!"

Tusch, Trommelwirbel.
„Bitte, sagen Sie ihr, sie möchte nach Hause kommen. Ich werde ihr auch jeden Morgen den Kaffee ans Bett bringen. Sie braucht ihn nur noch zu mahlen!"

Der Saal dröhnt. Jetzt brauche ich meine Treusorgende nicht mehr zu suchen. Gleich wird sie auftauchen und über mich herfallen. Zunächst bringt mich der Aufseher zur vorderen Herrenbar. Dort bekomme ich Sekt und eine Dankesrede:
„Wir danken unserem Seeräuber, unserem aktiven Vereinsmitglied Doktor Herrmann Liesekötter, für seinen köstlichen Auftritt. Außerdem überreichen wir dir, lieber Herrmann, den Orden für das beste Kostüm des Abends!"
Ich heiße weder Herrmann noch Liesekötter, und Doktor bin ich auch nicht. Jedenfalls darf ich jetzt gehen. So, wie ich hinter der Bühne bin, fällt ein wutschnaubender, tobender Pirat, der eine Augenklappe trägt, über mich her. Ohne jede freibeuterische Verbundenheit und ohne jede Faschingsfröhlichkeit greift er mich an und brüllt:
„Du dämlicher Buschklepper, bist du wahnsinnig? Das war mein Auftritt! Du verfluchter Schwachkopf, ich bringe dich um!"
Er stieß jedoch bei mir auf einen erfahrenen Gegner. Ich schlug ihm das freie Auge blau, zerriß sein Hemd, kippte einen Sektkübel über ihn aus, verstopfte seinen Rachen mit Konfetti und umwickelte ihn bis zur Bewegungsunfähigkeit mit Luftschlangen. Danach fühlte ich mich wohler.

Im Saal angekommen flog mir, wie erwartet, meine Hausnärrin um den Hals.
,,Schätzchen, du warst großartig! Nein, wie du dein Kostüm verändert hast. Warum hast du mir von alledem nichts verraten?"
Ich nahm mein Weib, und dann ließ ich die Korken knallen. Kein Verehrer meiner Karnevalskönigin konnte mit mir konkurrieren. Ich war jetzt der Clou des Abends. Die schönsten Närrinnen zupften an den Haaren meiner Seemannsbrust. Meine Treusorgende mußte immer wieder allzu Aufdringlichen auf die Finger klopfen. Es war sehr spät, als wir endlich gingen. Der Taxifahrer erkannte mich wieder. Er gratulierte mir zu meiner Seemannsbraut und zu der herrlichen Büttenrede, die er im Radio verfolgt hatte. Während der Heimfahrt legte meine Piratenbraut ihr Haupt an meine Seemannsbrust und fragte:
,,Schätzchen, hast du nicht viel zuviel Geld ausgegeben?"
,,Nein!"
,,Aber, du hast doch mindestens fünfundzwanzig Flaschen springen lassen?"
,,Ja!"
,,Hast du überhaupt bezahlt?"
,,Nein!"
,,Schickt man dir die Rechnung?"
,,Nicht mir!"
,,Ja, wem dann?"
,,Dem aktiven Vereinsmitglied Doktor Herrmann Liesekötter!"

Wer viel fragt, geht viel irre

Die unseren Politikern innewohnenden überirdischen Kräfte kann man an ihrem nie enden wollenden Arbeitsleben erkennen. Obwohl für den normalen berufstätigen Menschen die Pensionierung bereits an seinem achtundfünfzigsten Lebensjahr vorgesehen ist, steht ein Politiker im jugendlichen Alter von dreiundachtzig Jahren gerade erst in der Blüte seiner Schaffensperiode. Darum kann man Politiker nicht genug bewundern. Sie sind die wahren, gottbegnadeten Genies unseres zwanzigsten Jahrhunderts. Was ein Beethoven für die antike Malerei, ein Goethe für den Bau der Cheopspyramide und ein Paganini für die Entdeckung des Nordpols war, das sind heute die Politiker für die Problemlösungen unserer Zeit. Und, welch ein Glück, wir haben heutzutage mehr Politiker als Probleme, und die Zahl unserer Probleme ist Legion.
Den frühpensionierten Bürgern bleibt nur das Staunen über die von ihnen ein für allemal gewählten Politiker. Obwohl Regierungen wechseln, Politiker abgewählt werden oder zurücktreten, erscheinen in den politischen Führungspositionen immer wieder dieselben Gesichter. Vielleicht täuscht das auch, weil Politiker sich so ähnlich sind. Sie haben alle

keine feste Überzeugung, aber die wird von ihnen leidenschaftlich verteidigt.

Es ist daher sehr bedauerlich, daß unsere Politiker so selten im Fernsehen auftreten, dabei sind sie doch die Lieblingsschauspieler unserer Nation. Man muß sie regelrecht vor der Kamera auseinanderjagen, nur um mal einen einzigen im Bild zu haben. Eine beliebte politische Sendung, die den zuhörenden Bürger an sich selbst und an der Zukunft seiner Kinder zweifeln läßt, ist die Interviewserie: ‚Politiker beantworten ihre eigenen Fragen!'

Die scharfsinnigen, glasklaren und brillianten Antworten der Politiker auf die ausnehmend dummen Fragen der Reporter sind faszinierend. Hier ein solches Interview:

Reporter:

„Herr Minister, Sie haben den Rentnern eine Atempause bei der Rentenerhöhung verordnet. Wie wollen Sie das den Rentnern erklären?"

Minister:

„So kann man die Frage nicht stellen. Rentner und Rente, das sind doch zwei verschiedene Dinge. Wenn Sie mich aber nach den Rentnern fragen, denen haben wir nichts verordnet, das ist Sache ihrer Ärzte."

Reporter:

„Im nächsten Jahr fehlen für die Rentner sieben Milliarden Mark. Wie wollen Sie die nötigen Milliarden aufbringen?"

Minister:

„Das sind gleich zwei Fragen auf einmal. Zunächst zu Ihrer ersten Frage: Was fehlt den Rentnern? Wie schon gesagt, das festzustellen ist nicht Sache der Regierung, sondern der Ärzte. Deshalb kann man auf diese Frage keine allgemein gültige Antwort geben. Nun zu ihrer zweiten Frage: Was ist im nächsten Jahr? Seien Sie versichert, an dieser unserer Einstellung wird sich im nächsten Jahr nichts ändern."

Reporter:
„Wie wollen Sie den Rentenhaushalt wieder in Ordnung bringen?"
Minister:
„Da stellt sich zuerst die Frage: Welche Ordnung haben die Rentner denn gewählt? Doch wohl unsere freiheitliche Wirtschaftsordnung. Nicht das unfreie System der Opposition. Die Zwangsverordnungen, wie sie die Opposition einführen will, werden von den Rentnern mit Recht abgelehnt."

Reporter:
„Welche Maßnahmen werden Sie ergreifen, um den Rentenhaushalt zu sanieren?"
Minister:
„Sie fragen mich nach Maßnahmen für die Gesundung? Gott macht gesund, aber der Doktor bekommt das Geld dafür. Woher aber kommt das Geld für die Herren Doktoren? Von den Krankenkassen! Die kann jeder Rentner gegen einen geringen Beitrag in Anspruch nehmen. Nichts ist uns so teuer wie die Gesundheit der Rentner."

Reporter:
„Werden Sie die Renten-Versicherungsbeiträge erhöhen?"

Minister:
„Damit wären wir wieder bei der Frage nach der Erhöhung der Renten. Da kann ich Ihnen die Versicherung geben, die Renten werden erhöht. Die Rentner mögen sich zwar, was den Zeitpunkt der Erhöhung betrifft, verrechnet haben, aber das nehme ich unseren Rentnern nicht übel, denn verrechnet ist nicht betrogen."
Reporter:
„Herr Minister, wir bedanken uns für das Gespräch."
Haben Sie die ausweichenden Fragen des Reporters bemerkt? Es ist schon eine Schande, was sich ein Politiker heute alles bieten lassen muß. Darf so ein hergelaufener Reporter mit seinen unsachlichen Fragen immer wieder einen Minister unterbrechen? Ohne Rücksicht darauf, welchen Politiker dieser Minister am liebsten reden hört?

Der Kreislauf des Patienten

Es gab vor wenigen Jahrzehnten in weitem Umkreis oft nur einen einzigen Doktor. Gleichgültig, von welchen Gebrechen Mensch und Vieh geplagt wurden, es erschien immer derselbe Arzt. Dieser wahre Hausarzt machte keinen Unterschied zwischen Rindviechern und deren Besitzern. Er half mit, Kälber und Kinder zur Welt zu bringen. Mit der gleichen Selbstverständlichkeit kurierte er später die einen von der Maul- und Klauenseuche und die anderen vom Ziegenpeter. Beim Schlachtfest erschien er zur Fleischbeschau. Bei der Gelegenheit zog er der Schwiegermutter die Giftzähne und setzte dem Großvater gegen den Bluthochdruck einige Blutegel. Da er sein Honorar in Naturalien erhielt, half er auch beim Wursten mit. Dieses lebenslange Patienten-Doktor-Verhältnis hatte kerngesunde Patienten zur Folge, die erst im hohen Alter und ohne jede Hilfe ihres Arztes starben.

Dann kam die Zeit, in der sich die Ärzte schneller vermehrten als die Krankheiten. Um genügend Patienten zu bekommen, mußten diese Herren Doktoren eine Unmenge neuer Krankheiten erfinden. So kam es zur Entstehung der Fachärzte, darunter Spezialisten für Hühneraugenerblindung und Haarwurzelentzündung. Heute gibt es mehr Ärzte als Patienten. Man fragt sich daher: Wie kommen heutzutage die Ärzte zu ihrem Reichtum? Die Methode, durch die unsere modernen Medizinmänner reich werden, ist ebenso legal wie genial. Sie beruht auf dem Kreislauf des Patienten. Kreislaufstörungen treten erst dann auf, wenn der Patient ausgeblutet ist. Finanziell, meine ich. Bis dahin wird er unter den Fachärzten weitergereicht, immer reihum, von einem zum anderen.

Es begann, als ich hinter meinem Weibe herlief. Diese war in Eile, um mein Geld auszugeben, denn die Preise steigen unentwegt, und je später sie das Geld ausgibt, um so weniger bekommt sie dafür. Plötzlich verspürte ich in meiner linken Wade einen rasenden Schmerz. Von fürchterlichen Qualen gepeinigt, versuchte ich weiter zu humpeln, verlor aber bald Weib und Geld aus den Augen. Mitleidige Passanten trugen mich zum nächsten Taxistand.
Auf Anraten des Taxifahrers ließ ich mich zum Spezialisten für Sportunfälle fahren. Dieser sah sich meine Zunge, meine Kontoauszüge und meine Beine an, erklärte meinen Zustand für besorgniserregend und brachte mich direkt in seine Privatklinik. Dort wurde ich vierzehn Tage lang wegen Wadenmuskelschwund behandelt. Als Ursache für diese Krankheit bezeichnete er meine Angewohnheit, nur mit der rechten Hand zu schreiben. Meine Waden wären nicht genügend trainiert. Darum hätte ich den Krampf auch in der Wade und nicht in der Hand be-

kommen. Seine Therapie schlug gut an. Der Belag auf meiner Zunge und auf meinem Bankkonto verschwand, und laufen konnte ich auch wieder. Nur die Bedenken meines Arztes blieben. Es sei nicht auszuschließen, so sagte er, daß die tiefere Ursache für meinen Wadenkrampf von meinem Ischiasnerv herrühre. In keinem Falle dürfte ich den auf die leichte Schulter nehmen. Es sei ein Hüftnerv, der über die Hinterbacke in den Oberschenkel und von dort in die Wade ausstrahle.

Ich folgte dem Rat des Sportarztes und ließ mich an einen Orthopäden überweisen. Bei diesem erübrigte sich jede Befragung meiner Person. Meine ihm übermittelte Krankheitsgeschichte enthielt alle wichtigen Informationen: Die Struktur und Zusammensetzung meiner Knochen- und Vermögenslage, mögliche erbliche und finanzielle Belastungen, konstitutionelle oder wertpapiermäßige Fehlanlagen, Belastbarkeit des Bewegungs- und Zahlungsapparates sowie mögliche Heil- und Barmittel. So konnte der Orthopäde gezielt vorgehen. Was er mir auch verordnete, ob Moorbäder, Bandagen, Bestrahlungen, Massagen, nichts davon war umsonst. Alle Bewegungsabläufe, insbesondere die auf meinem Bankkonto, beschleunigten sich enorm. Lediglich das Stahlkorsett, das er mir verpaßt hatte, behinderte mich beim Gehen. Mein Orthopäde vermutete deshalb eine Nierensenkung und überwies mich an den dafür zuständigen Facharzt.

Der Urologe, der meine Behandlung übernahm,

wurde mir als Berater lieb und teuer. Da er mich aber, um meine Nieren orten zu können, von dem Stahlkorsett befreite, kehrte meine Niere an ihren alten Platz zurück. Dieser Vorgang sei, so sagte er, sehr ungewöhnlich, so daß Verdacht auf Magenschrumpfung bestände. Er forderte mich auf, umgehend einen Internisten zu konsultieren.

Da ich die Referenzen von drei Fachärzten vorweisen konnte, wurde ich von dem Internisten mit besonderer Sorgfalt behandelt. Er diagnostizierte ein Ansteigen meiner Leber- und Kreditwerte und unterwarf mich einer sofortigen Entziehungskur aller flüssiger Mittel. Das Ergebnis waren zwei Magengeschwüre und ein Herzanfall meines Bankiers, dem ich glücklicherweise einen guten Internisten empfehlen konnte. Danach habe ich meinen Bankier nie mehr gesehen. Es ist aber anzunehmen, daß wir uns im Wartezimmer irgendeines Facharztes wieder begegnen.

Inzwischen hatte mich der Internist an einen Neurologen verwiesen. Der Neurologe stellte sofort eine Störung meines finanziellen Gleichgewichtes fest. Da alle seine Versuche, meine Sollseite noch weiter zu belasten, fehlschlugen, reichte er mich an einen Hals- Nasen- und Ohrenarzt weiter.
Dieser Facharzt drang in meine Ganglien ein, um entsetzt festzustellen, daß bei mir schon alles unter den Hammer gekommen war. Seine Diagnose, daß ich bis über beide Ohren verschuldet sei, war wiederum ein Beispiel dafür, wie sicher heutzutage die

Fachärzte ihre Patienten im Griff haben. Eine Behandlung lehnte er als unergiebig ab. Mein unsicherer Gang hätte nichts mit meinen Ohren zu tun, sondern ich stände auf finanziell sehr schwachen Beinen. Weshalb er mich an den Sportarzt zurückreichte.

Dieser erklärte meine Bedürftigkeit für unheilbar. Den besten Rat, den er mir geben könne, sei der, meiner Frau kein Geld mehr zu geben, dann würde ich auch nicht mehr hinter ihr herlaufen.

Nun frage ich mich, woher ich das Geld nehmen soll, das ich meiner Frau nicht mehr geben darf. Leider gibt es dafür keinen Spezialisten, den ich konsultieren könnte.

Verschieden wie Tag und Nacht

Es ist an der Zeit, von dem zu reden, was Mann und Frau voneinander trennt. Worin sie so verschieden sind wie Tag und Nacht. Dieser Vergleich ist sehr treffend, denn die Frau ist ein Morgen- und Tagmensch, der Mann dagegen ein Abend- und Nachtmensch. Eine Ehefrau, die des Morgens später als sechs Uhr aufsteht, hat bereits ein schlechtes Gewissen. Ein Ehemann, der morgens um sechs Uhr zu Bett geht, ist viel zu müde, um sich mit seinem Gewissen auseinanderzusetzen. Ausländer, die die deutsche Sprache erlernen, wollen immer wissen, warum die Sonne weiblich und der Mond männlich sei. Nun wissen sie es. Damit dürfte auch verständlich sein, warum es Begriffe wie ‚Der Faulpelz‘ und ‚Der Morgenmuffel‘ nur in der männlichen Version gibt. Noch nie hat man jemals von einer Faulpelzin oder Morgenmuffelin gehört.
Auch ich schlafe, je mehr es Tag wird, um so tiefer, werde aber, je mehr es Abend wird, um so wacher. Um ein Uhr nachts verstehe ich sogar die Zusammenhänge eines amerikanischen Fernsehkrimis. Leider bin ich um diese Zeit der einzige, der meine geistreichen Kommentare bewundern kann. Meine Bettgenossin schläft schon. Seit zweiundzwanzig

Uhr! Dagegen um sechs Uhr in der Frühe arbeitet sie bereits in ihrem Garten. Doch so, wie der Tag dahinschwindet, verschwindet auch meine angeheiratete Göttin der Morgenröte. Um zweiundzwanzig Uhr ist sie nicht mehr vorhanden. Sie ist untergegangen in rosaroter Bettwäsche. Es sind also jeden Tag nur wenige Stunden, die wir als Ehepartner miteinander verbringen können. Um diese Situation zu verbessern, verlangte meine Frühaufsteherin von mir, daß ich meinen Lebensrhythmus dem ihren anpasse.

,,Du wirst dir einen anderen Lebensrhythmus angewöhnen. Von heute an gehst du mit mir um zweiundzwanzig Uhr zu Bett. Um sechs Uhr wird aufgestanden! Das sind acht Stunden Schlaf, die sind absolut ausreichend. Du wirst aufhören, die Nacht zum Tage zu machen!''

Also ging ich zur befohlenen Zeit mit meinem Weibe zu Bett. Dort wartete ich darauf, in Morpheus Arme zu versinken. Morpheus, der Gott des Schlafes, schien auch um zweiundzwanzig Uhr zu schlafen, denn er kam nicht. Dafür bekam ich Hunger. Ich holte mir ein Sülzkotelett und eine Flasche Bier aus dem Kühlschrank, nahm noch einige ungelesene Zeitschriften mit und machte es mir im Bett gemütlich. Meine Bettkatze hörte auf zu schnurren und fauchte:
,,Muß das sein? Können wir nicht endlich schlafen?!''
Gehorsam löschte ich nach diesem Nachtessen um

dreiundzwanzig Uhr das Licht und bemühte mich, müde zu werden. Je mehr ich mich darauf konzentrierte, um so wacher wurde ich. Außerdem wollte das Bier wieder heraus. Ich erklärte meiner Lebensgefährtin die unumgängliche Notwendigkeit, daß ich aufstehen müßte. Sie zeigte vollstes Unverständnis. Nach meiner Rückkehr nahm ich meine unterbrochenen Einschlafbemühungen wieder auf. Ich begann zu zählen. Bei der Zahl ‚hundert‘ ergab sich ein Problem. Heißt es nun ‚einhunderteins‘ oder ‚einhundertundeins‘? Verwendet man das Wörtchen ‚und‘, so erscheint es bei ‚einhundertundeinemillionundeinhundertundeintausendundeinhundertundeinundzwanzig‘ bereits sechsmal. Mit oder ohne ‚und‘? Ich fragte meine ehemalige Abiturientin. Ihre Antwort hatte mehr mit Brehms Tierleben zu tun als mit der Mathematik. Andererseits war sie rührend bemüht, mir zum Einschlafen zu verhelfen. ,,Jetzt bekommst du ein Schlafmittel! Heißes Zuckerwasser. Das hilft immer!"
Das Zeug schmeckte impertinent. Aber die Wirkung war verblüffend. Es waren noch keine zehn Minuten vergangen, und ich hatte Sodbrennen. Ich erörterte diese unerwünschte Nebenwirkung mit meiner Bettnachbarin. Wir kamen überein, daß ich aufstehen sollte, um Bullrichsalz einzunehmen. Um Mitternacht konnte ich mich für den guten Ratschlag bei meiner Nachtgefährtin bedanken. Ich hatte kein Sodbrennen mehr, dafür hatte ich den Schluckauf. Ich benutzte ihn, um im Rhythmus zu zählen. Leider wirkte sich das monotone Geräusch meines Schluckaufs auf meine Beischläferin aufregend aus.

,,Ich werde wahnsinnig! Dabei kann kein Mensch einschlafen! Höre damit auf oder tue etwas dagegen. Nimm ein Fußbad!"
Um meine Freundin der Nacht nicht weiter zu stören, stand ich auf, holte mir den Waschzuber, füllte ihn mit Wasser und stieg hinein. Ich hätte aufgeschrien, wenn mir das kalte Wasser nicht den Atem verschlagen hätte. Aber ohne Atem kein Schluckauf. Dafür waren meine Füße erfroren. Ich eilte zurück ins Bett, um sie bei meinem warmen Weibe aufzutauen.
,,Himmel Herrgott! Dieser Mann bringt mich um! Kommt der Mensch mit nassen Füßen ins Bett!"
Ungeachtet des Gejammers meines Klageweibes nahm ich den Zählvorgang wieder auf. Ich kam aber durch das Geklapper meiner Zähne nur zögernd voran. Mein treues Weib schien mit mir zu leiden:
,,Höre auf mit den Zähnen zu klappern! Was steigst du auch in kaltes Wasser. Du solltest ein warmes Fußbad nehmen!"
Also erhob ich mich wieder, entleerte den Zuber und füllte ihn mit warmem Wasser. Noch nie hatte ich nachts um zwei Uhr ein warmes Fußbad genommen, aber es war wohltuend. Ich sagte das auch meiner um mich so Besorgten, jedoch bei ihr wollte darüber keine rechte Freude aufkommen. Dafür überkam mich die Müdigkeit. Meine normale Schlafenszeit war gekommen.
Es war noch keine drei Uhr, als mich meine Angetraute weckte und mich mit der Nachricht überraschte, daß sie nicht mehr einschlafen könne.

„Hole mir die Baldriantropfen!"
Ich hole die Baldriantropfen, dann Würfelzucker und dann einen Teelöffel. Die baldriangeschwängerten Wolken, die mich danach vom Nachbarbett erreichten, ließen mich in tiefe Bewußtlosigkeit versinken, aus der ich um vier Uhr rücksichtslos herausgerissen wurde. Meine Nachtgefährtin war gegen Baldrian immun. Ihr verlangte jetzt nach Hopfentee. In trauter Zweisamkeit nahmen wir Hopfentee zu uns. Sie frisch aufgesetzten, ich den in Flaschen abgefüllten. Anschließend begaben wir uns zur Ruhe. Der Hopfentee hatte sich jedoch auf mein Weib anregend ausgewirkt, denn ihr Hilferuf riß mich wieder aus dem Schlaf.
„Ich werde wahnsinnig! Ich kann nicht einschlafen!"
Also stand ich auf, um mein altbewährtes Hausmittel zu holen. Gesunden, klaren Schnaps. Sie trank ihn, wie ich zuvor das heiße Zuckerwasser. Um fünf Uhr war es dann soweit. Sie hatte Kopfschmerzen. Wieder machte ich mich auf die Wanderschaft, löste zwei Asperin in Wasser auf, tat sicherheitshalber noch zwei Schlaftabletten dazu und konnte mich um sechs Uhr an einem tief schlummernden Eheweib erfreuen. Dafür war ich hellwach. Anscheinend hatten die Spaziergänge meinen Kreislauf angeregt. Also stand ich auf, duschte und rasierte mich, kleidete mich an und trat aus dem Haus, um die Zeitung zu holen. Ein herrlicher Tag begrüßte mich. Strahlend ging gerade die Sonne auf, der Tau glitzerte im Licht des neuen Tages, und die Vögel jubilierten. Herrliche, frische Luft füllte meine

Lungen. Es ist etwas Wunderbares in der Frühe aufzustehen. Jedoch nur willensstarke Menschen sind Frühaufsteher, solche wie ich.

Zum Nachmittagskaffee um sechzehn Uhr erschien meine Langschläferin. Es war sofort zu erkennen, wie schnell Menschen mit ungesundem Lebenswandel altern. Tiefe Ränder unter den Augen, blasse Gesichtsfarbe und zittrige Hände, dabei wortkarg, übellaunig und unkonzentriert. Es dauert Stunden, bis solche Menschen wieder im Vollbesitz ihrer körperlichen und geistigen Kräfte sind.
,,Ich brauche Kaffee."
Mein Gott, was für eine Stimme, wie ein Dudelsack im Stimmbruch.
,,Schätzchen, bist du krank?"
Leider konnte ich ihre Antwort nicht verstehen, weil sie sich dabei am Kaffee verschluckte. Sie wollte anscheinend irgend jemand ermorden. Gegen achtzehn Uhr ging es ihr besser, und um zwanzig Uhr konnte sie ihre gewohnte Hausarbeit aufnehmen. Als Frühaufsteher lag ich um zweiundzwanzig Uhr bereits in tiefem Schlaf. Wie gewohnt, stand ich um sechs Uhr auf und begegnete beim Verlassen des Schlafzimmers meinem hauseigenen, müden Nachtfalter, der zur Ruhe ging.

Es ist schon schlimm mit den Frauen, aber was soll man dagegen machen? Eine Frau ist nun einmal ein Nachtmensch, der Mann dagegen ein Tagmensch. Nicht von ungefähr heißt es im deutschen Sprachgebrauch: Die Nacht! Die Dunkelheit! Die Finsternis!

Aber: Der Tag!! Der Morgen!! Der Sonnenschein!!
So findet alles seine logische Erklärung, man muß
nur lange genug darüber nachdenken.

Doitsh für loite fon hoite

Der Turmbau zu Babel hatte Gott veranlaßt, die Sprache der Menschen zu verwirren. Das war, so sagte mein ehemaliger Deutschlehrer, eine gewaltige Strafe Gottes. Diese sei als gering zu achten, seitdem er, mein Lehrer, mit mir gestraft worden sei. Ich hätte es fertiggebracht, die deutsche Sprache, die Gott nur verwirrt habe, restlos unverständlich zu machen. Meine Orthographie würde selbst Gott nicht mehr begreifen.
Diese mir von meinem Deutschlehrer bescheinigte Sprachgenialität empfinde ich heute noch, wenn ich meine Manuskripte bei meinem Verlag abliefere und mein Lektor mit schmerzverzerrtem Gesicht zum Rotstift greift. Ich habe es mir deshalb zur Aufgabe gemacht, die von Gott und meinem Deutschlehrer in der deutschen Sprache geschaffenen Verwirrungen zu beseitigen. Die Sprache der Dichter und Denker soll endlich ein leicht zu handhabendes Instrument werden.
Die erste Regel für eine vereinfachte Rechtschreibung lautet:
‚Schreib, wie du sprichst, und lies, wie du schreibst!'
Deshalb ist es notwendig, sich zu einer bedingungs-

losen kleinschreibung zu bekennen. Es genügt, wenn wir in zukunft lediglich den begriff ‚Gott' großschreiben. Die großschreibung aller anderen wörter ist nur eine ins bild gesetzte großtuerei. Lediglich am satzanfang ist der große buchstabe angebracht. Einfach deshalb, weil viele menschen, insbesondere politiker, keinen punkt machen können. Außerdem entspricht die kleinschreibung den heutigen lebensumständen. Wörter wie fleiß, freiheit, mut, hoffnung, friede, sicherheit, zukunft, wald, bäume und freude müßten schon lange kleingeschrieben werden. Andererseits wäre es auch gut, wenn begriffe wie geld, besitz, verordnung, steuern, politik und minister kleingeschrieben würden.

Eine ebensolche übertreibung wie die großbuchstaben sind die doppelbuchstaben. Weg mit alen dopelbuchstaben! Anstele des ch nur noc ein c. Für sch nur noc ein sh. Für das ck genügt ein einfaches k. Damit hat auc das ß ein für alemal ausgedient. Wozu dan noc ein tz? Ein einfaces z reict absolut aus und wird anstele von tz den plaz einehmen. Wozu ein ng? Das g tut es auc.

So könen viele fehler in der rectshreibug vermieden werden und gleiczeitig werden sprachindernise abgebaut. Damit hat unsere sprace bereits eine spürbare vereinfacug erhalten.

Nun komt es darauf an, ale wörter entsprecend ihres spraclicen klags zu shreiben. Als erstes werden die dopelaute, wie ei und eu, ainfac so geshrieben wie sie kligen. Das mag ainem noi ershainen, aber es ist aine ainface regel.

Aine waitere spracverwirug ist di denug. So, zum

baispil, baim ie und baim hinzugefügten h. Also, weg damit! Und wozu brauct man ain ä? Ain shlictes e tut es auc. Dan kan man auc auf di bucstaben x, y und v ferzicten. Das ist ect babilonish. So wird dan auc aus dem ph ain f und anstele des th genügt ain ainfaces t. Dadurc wird auc di shraibug fon fremdwörtern wesentlic erlaictert.

Es bestet kain zwaifel, shon nac kurzer übug were der durcshnitsmensh in der lage, mit diser noierug zu leben, one das si in in den wansin traibt.

Dise radikalkur braucht nict komentirt zu werden. Damit wird die ortografi im galop ferainfact. Es ist glaicgültig, was di doitshlerer dazu sagen. Di mainug diser pedagogen ist für uns kain tema mer. Es blaibt bai der regel: Shraibe, wi du spricst, und lis, wi du shraibst! Das ist kaine rewoluzion und auc kaine moiterai gegen di überholte ortografi. Der ainface spracrütmus unserer doitshen sprace ist masgebend. Wen wir ale nur noc fonetish shraiben, müsen sic di ferborten, doitshen pedagogen in dise ferainfacug shiken. So könen dan auc auslender di doitshe sprace ser shnel erlernen. Di dan bai inen forhandenen guten doitshen sprackentnise werden si befeigen, hoe posizionen in unserer wirtshaft ainzunemen. Ale emter und eren steen inen ofen. Jez noc weg mit dem umlaut äu, den wir shraiben ja fonetish. Auc dan, wen wir an das ser fererte froilain shraiben.

So wird di doitshe sprace fon ainer ainfacen logik gefürt. Wir leben hoite in ainer grosen zait mit demokratishen fraihaiten. Wir lasen uns nict mer beformunden. Wir sind ain fraies folk mit ainer noien ortografi. Für loite von hoite!

Dise maine noie bearbaitug der doitshen rectshraibug hat di shraibwaise ser ferainfact und di gramatishen regeln gestraft und so unmisferstendlict erlaictert, das ferseen oder zwaidoitlickaiten ausgeshlosen sind. Früer möglice drukfeler und unstimigkaiten könen nun nict mer forkomen. Sicerlic wird dise fonetishe form file froinde gewinen. Main ferlag hat mir bereits ainen brif geshriben:
‚Es ist wohl nicht zu bestreiten, daß die Kulturtechnik, zu der das lesbare und korrekte Schreiben gehört, bei Ihnen einer Verwahrlosung anheimzufallen droht, die wenig mit Befreiung und gar nichts mit der so hochgelobten Kommunikationsfähigkeit zu tun hat, aber sehr viel mit Monomanie, Schlamperei und Arroganz!'
Main eelices waib maint, di loite häten rect. Di doitshe sprace sai aine shöne sprace und ic ain shöner spiner. Rect hat si, nict war?

Unzeitgemäß

Gott schuf die Zeit. Er setzte Sonne, Mond und Sterne an den Himmel, um durch diese den Zeitlauf auf unserer Erde zu bestimmen. Er sagte: „Und sie seien euch zur Bestimmung von Zeiten und Tagen und Jahren!" (1.Mose 1:14). Leider hat er versäumt, bei diesem Schöpfungsvorgang unsere Regierung zu konsultieren, weshalb diese jetzt die Fehler beseitigen mußte, die bei ihrer Mitwirkung hätten vermieden werden können. Scharfsinnig, wie unsere Regierung ist, erkannte sie, daß wir die Sonne tagsüber nicht brauchen, denn da ist es sowieso hell. Wenn dagegen des Nachts die Sonne schien, würde es nicht so dunkel. Deshalb hat sie notgedrungen die göttliche Zeitrechnung abgeändert und die Sommerzeit eingeführt.

Jetzt stimmt bei uns, was Tag und Nacht betrifft, nichts mehr, unsere Uhren gehen falsch. Während der Sommerzeit haben wir in diesem unserem Lande die gleiche Uhrzeit wie Moskau und die Türkei, wie Syrien und Ägypten. Unsere Regierung hat es fertiggebracht, aus unserer mitteleuropäischen Zeit eine osteuropäische zu machen. Entsprechend dieser vorderasiatischen Zeit scheint bei uns im Sommer um Mitternacht die Sonne.

Welch eine Freude! Besonders für unsere Kinder. Diese kommen erst nach Hause, wenn es dunkel wird. Das ist während der Sommerzeit zwei Stunden, bevor sie wieder aufstehen müssen. Zwangsläufig schlafen sie in der Schule. Auch die Landwirte freuen sich. Sie stehen vor dem Problem, zwei verschiedene Uhrzeiten nicht zu verwechseln. Die eine Uhrzeit wird ihnen von Politikern und die andere von Rindviechern aufgezwungen.
Durch die Sommerzeit soll Strom gespart werden. Das geschieht auch. Die Autofahrer brauchen erst um zwei Uhr nachts die Scheinwerfer einzuschalten. Kein Wunder also, daß während der Sommerzeit jede Nacht ca. zwanzig Millionen Autofahrer unterwegs sind, um Energie zu sparen. ,,Warum", so fragte ich einen Politiker der Opposition, ,,hat die Opposition dieser Sommerzeit zugestimmt, obwohl sie doch sonst gegen alles ist, was die Regierung veranlaßt?" Seine Antwort war einleuchtend: ,,Wenn wir die nächsten Wahlen gewinnen, sind wir eine Stunde früher an der Macht!"

So kam auch für meine Familie die Stunde X, zu der die Sommerzeit begann. Sinnigerweise war das zur Zeit des Mondes, nachts um zwei Uhr. Da wurde es selbigen Augenblicks drei Uhr. Bei uns, nicht auf dem Mond. Wer aber steht nachts um zwei Uhr auf, um die Uhren vorzustellen? Kein vernünftiger Mensch, wie ich feststellen mußte. Ich stand allein auf dem Balkon und blickte hilfesuchend zum Himmel, als die Kirchturmuhr, statt zweimal, dreimal ihre Glocke ertönen ließ. In diesem Moment alterte ich mit Lichtgeschwindigkeit um dreitausendsechshundert Sekunden. Mitleidlos blickten Mond und Sterne auf einen einsamen alten Mann. Ich wankte ins Haus und stellte die Uhren auf mein neues Lebensalter ein.

Am nächsten Tag um dreizehn Uhr versammelte sich meine Familie um den Frühstückstisch. Es ist des Sonntags nichts Ungewöhnliches, wenn wir später frühstücken. Diese Uhrzeit erschien meiner Treusorgenden ungewöhnlich. Demgemäß war ihre Stimmung:
,,Verdammt, Wilhelm-Mathias, hast du an den Uhren herumgefummelt?"
,,Natürlich, mein Schatz, heute nacht habe ich bei uns die Sommerzeit eingeführt."
,,Habe ich es mir doch gedacht. Was soll der Unsinn, ich habe die Uhren gestern vor dem Schlafengehen vorgestellt. Aber das erklärt die Differenz immer noch nicht. Hat sich sonst noch jemand an den Uhren zu schaffen gemacht?"
Es stellte sich heraus, daß Oma und Veronika es nicht hatten abwarten können, bis die Stunde sich doppelte. Mit dem Erfolg, daß wir nun in unserem Hause die gleiche Uhrzeit hatten wie in Kalkutta.
,,Macht denn in diesem Irrenhaus jeder, was er will? Wilhelm-Mathias, du bringst die Uhren auf die richtige Zeit. Und zwar nur du! Ist das allen Anwesenden klar?"
Befehlsgemäß korrigierte ich die Auswirkungen des Übereifers meiner Familie und stellte die Uhren um vier Stunden zurück. Dadurch kam es am Montag

in unserer Familie wieder zu einer zeitgemäßen Auseinandersetzung:
,,Wilhelm-Mathias, bist du wahnsinnig? Wie kommst du dazu, die Uhren auf die alte Zeit einzustellen? Weißt du, daß deine Kinder zu spät in die Schule gekommen sind? Himmel Herrgott, kannst du denn nicht bis drei zählen? Alle Uhren gingen eine Stunde nach!''

Undank ist der Väter Lohn. Hätte sich meine Familie auf mich verlassen, hätten wir von Anfang an mit der neuen Zeit Schritt gehalten. Aber ich bin es gewohnt, die Fehler meiner Familie auszubaden. Deshalb vergaß ich auch nicht, die Uhren um eine Stunde vorzustellen. Was meine Familie am Dienstag dankbar anerkannte:
,,Hast du Riesenroß etwa gestern die Uhren vorgestellt?''
,,Natürlich, mein Schatz, um eine Stunde, gemäß der Sommerzeit.''
,,Ich drehe noch durch! Das hatte ich bereits getan! Die Kinder waren viel zu früh in der Schule! Willst du mir mal sagen, warum du andauernd an den Uhren herumdrehst?''
,,Aber, du hast doch selbst gesagt. . . .''
,,Ich habe nicht gesagt, daß du mit deinen Unglücksfingern Verwirrung stiften sollst. Und damit dieser Wahnsinn ein Ende hat, stellst nur du die Uhren richtig. Und nur du!''
Hurtig errechnete ich die richtige Zeit. Vier Stunden hatten wir die Uhren zunächst vorgestellt. Das waren drei Stunden zuviel. Bleibt eine Stunde übrig.

Dann hatten meine eheliche Zeitgenossin und ich die Uhren um je eine Stunde vorgedreht, was auch eine Stunde zuviel war. Also müssen die Uhren um zwei Stunden zurück. Bald hatte ich den Schaden behoben, der sich dann am nächsten Tag herausstellte:
„Mann, was hast du mit den Uhren gemacht? Sollen deine Kinder nie mehr pünktlich in die Schule kommen? Die Uhren gehen wieder eine Stunde nach! Willst du mich um den Verstand bringen?"
Meine Rücksprache mit dem Direktor der Schule ergab, daß meine Uhrzeit stimmte. Lediglich die restlichen Uhren in unserem Land gingen eine Stunde vor. Er gab mir den Rat, unsere Uhren daheim der falschen Zeit anzupassen. Ich nahm seinen Rat an und stellte unsere häuslichen Uhren um eine Stunde vor. Damit hatten wir, wie sich am Donnerstag herausstellte, die Uhrzeit des fünfundvierzigsten Grads östlicher Länge oder die gleiche Zeit wie Madagaskar. Und das nur, weil meine mit mir zeitlich Verheiratete es nicht lassen konnte, ihrerseits bestimmen zu wollen, was bei uns die Uhren zu schlagen haben. Unsere Ehe auf Zeit war zeitlich gestört, wir waren unserer Zeit um eine Stunde voraus.
„Wilhelm-Mathias, ich lasse mir diesen Zeitterror nicht mehr bieten! Seit fünf Tagen stimmen unsere Uhren nicht. Ich habe die Kinder wieder eine Stunde zu früh aus dem Haus gejagt! Ich lasse mich nicht mehr zum Narren halten! Das Beste ist, du verläßt das Haus und kommst erst wieder, wenn die Normalzeit beginnt! Verschwinde, bevor ich im Irrenhaus lande!"

Wutentbrannt rief ich meinen Anwalt an. Wir vereinbarten einen Termin, um die Scheidung einzuleiten. Wegen zeitlich bedingter Grausamkeiten. Bevor ich das Haus verließ, korrigierte ich, als ordentlicher Mensch, noch die Zeitangaben unserer Uhren. Leider habe ich meinen Anwalt nicht angetroffen. Seine Uhr stimmte nicht mit der Uhr in meinem Auto überein. Also fuhr ich wieder nach Hause. Vielleicht, daß sich mit meinem Weibe doch noch ein zeitliches Nebeneinander arrangieren ließ.

Anscheinend gingen bei uns die Uhren wieder falsch. Meine zeitlich Verwirrte war damit beschäftigt, unsere Uhren mit einem Hammer zu zerschlagen. Auf meine freundliche Frage, ob sie mir sagen könne, wie spät es sei, stürzte sie sich mit einem Aufschrei in meine Arme und gurgelte, daß ich das Zeitliche segnen müßte. Dann erschlug sie mich mit dem Hammer.

Die Tatzeit konnte nie genau ermittelt werden, denn der Mord geschah zur Unzeit oder, wie wir heute sagen, zur Sommerzeit.

Freiflug

So schnell ändern sich die Zeiten. Wurden noch vor wenigen Jahrzehnten die tollkühnen Männer in ihren fliegenden Kisten bewundert, so ist heute die Entführung eines Jumbo-Jets so etwas Alltägliches wie das Schwarzfahren mit der U-Bahn. Und noch etwas hat sich geändert. Wurde früher das Seepiratentum aus reiner Gewinnsucht betrieben, so haben unsere heutigen modernen Luftpiraten für ihr Vorgehen nur lautere Motive. Oft fehlt ihnen nur für eine dringende Anschaffung das notwendige Bargeld. Deshalb erbitten Sie Lösegelder, je nach persönlichem Bedarf zwischen zehn und fünfhundert Millionen Mark. Die Fluggesellschaften haben sich bereits darauf eingestellt und halten ihr Kleingeld griffbereit. Der Handel Geld gegen Menschen ist heutzutage ein internationaler Geschäftsbrauch.
Andere Hijacker wollen Menschen gegen Menschen tauschen. Diese Abwicklung ist komplizierter. Zum einen, weil das Kompensationsgeschäft aus der Mode gekommen ist, zum anderen, weil die Fluggesellschaften selten die gewünschte Sorte Mensch vorrätig haben. Die größten Schwierigkeiten aber entstehen, wenn die Entführer eine kostenlose Veröffentlichung ihres persönlichen Anliegens in der Presse

verlangen. Die Pressefreiheit ist grundsätzlich auf bezahlte Anzeigen ausgerichtet. Außerdem sind die Zeitungen, wie man unschwer feststellen kann, immer bis auf den letzten Spaltenmillimeter voll, so daß für diese permanenten Sonderwünsche kein Platz zur Verfügung steht. Zum Glück sind die Fluggäste inzwischen so an Flugzeugentführungen gewöhnt, daß sie deswegen nicht einmal mehr ihre Lektüre unterbrechen.

München. Flughafen Riem. Flugnummer 755, nach Stuttgart. Endlich habe ich mein Ticket. Dann kommt die Sicherheitskontrolle. Die Frage des Beamten nach Atombomben, Panzern oder ähnlichen Souvenirs kann ich verneinen. Nachdem er meine Nagelfeile konfisziert hat, darf ich das Flugzeug betreten. Die Maschine ist voll besetzt. Mir bleibt nur noch ein Platz am Mittelgang. Das Flugwetter ist häßlich, ebenso wie die Stewardessen. Die Fluggesellschaften sparen, wo sie nur können.

Während des Fluges beobachte ich, daß drei Männer gleichzeitig aufstehen. Einer geht in das Cockpit. Die beiden anderen stellen sich hinten bei den Waschräumen auf. Kurz darauf ertönt die Stimme des Piloten:

„Äh, hm, meine Damen und Herren, hier spricht ihr Kapitän. Wir haben unsere Flughöhe von achttausend Metern erreicht. Die Sicht ist klar und unser Entführer etwa 34 Jahre alt. Auf seine Bitte ladet unsere Fluggesellschaft Sie zu einem kostenlosen Abstecher nach Rom ein. Bitte, beachten Sie das wunderbare Alpenpanorama und die Anweisungen unseres Entführers."

Daraufhin sammeln die beiden Männer die Stewardessen ein und sperren sie in die Waschräume. Kein Wunder bei dem Aussehen dieser Damen.
Welche Ziele mögen diese Luftpiraten verfolgen? Um Lösegeld kann es sich diesmal nicht handeln, denn ich bin laut Aussage meiner Bank keinen roten Heller wert. Demnach muß es ihnen um höhere Ideale gehen. Ich will darüber mit meinem Sitznachbarn sprechen. Der aber antwortet nicht, sondern öffnet nur seine Jacke. Auf seiner Brust befinden sich, mit schwarzem Klebeband befestigt, zwei Dynamitstangen. Das Feuerzeug, zum Anzünden der Lunten, hält er bereits in seiner Hand. Noch ein Luftpirat! Mir bricht der Schweiß aus. Ich mag keine Knallerei. Dabei kann leicht etwas passieren. Aufgeregt wende ich mich meinem Nachbarn, dem auf der anderen Gangseite, zu, um ihn auf die verschärfte Situation aufmerksam zu machen. Der aber klopft nur auf seine Anzugtasche. Die Tasche ist ausgebeult, und ich erkenne die Umrisse einer Pistole. Angstvoll springe ich auf, um Schutz bei meinem Vordermann zu suchen. Dort fallen mir fast die Augen aus dem Kopf, denn der hat auf seinem Schoß einen schwarzen Topf aus dem zwei Zündkabel ragen. Die Knie werden mir weich. Ich blicke hilfesuchend auf seine Nachbarin. Diese lächelt mich an, öffnet ihre Handtasche und entnimmt ihr eine Eierhandgranate. Wir haben sieben Entführer an Bord! Grün vor Angst lasse ich mich wieder auf meinen Platz fallen.
Endlich sind wir in Rom. Die Stewardessen kommen frisch onduliert aus den Waschräumen und

dürfen aussteigen. Nach einer Weile kommt die Durchsage des Kapitäns:
,,Meine Damen und Herren, unser so überzeugend bewaffneter Reiseleiter läßt Ihnen ausrichten, daß diejenigen Passagiere, die die Gelegenheit zu einem Romaufenthalt benutzen wollen, die Maschine verlassen können. Unsere Fluggesellschaft wünscht Ihnen einen angenehmen Aufenthalt."
Ich spüre einen unbändigen Drang, Rom zu besichtigen und springe auf, aber mein dynamitbeladener Reisegefährte reißt mich auf meinen Sitz zurück und knurrt:
,,Sitzen bleiben!"
Dagegen erheben sich dreißig Personen und verlassen ohne mich das Flugzeug. Alle anderen Passagiere bleiben gelassen sitzen.
Nach einer Stunde Wartezeit meldet sich wieder der Kapitän:
,,Meine Damen und Herren, das Flugzeug ist frisch aufgetankt. Unsere Fluggesellschaft freut sich, daß sie Ihnen einen Ausflug nach Athen ermöglichen kann. Unser bewaffneter Fremdenführer wird uns zu unserer Sicherheit auf diesem Flug begleiten."
Die Triebwerke heulen auf, die Maschine rollt an. Während des Fluges nach Athen spricht der Entführer aus dem Cockpit:
,,Werte Fluggäste, hier spricht Ihr Entführer. Sicherlich freuen Sie sich über diese kostenlosen Flüge. Mir geht es mit dieser Entführung lediglich um eine Veröffentlichung in der Weltpresse, und zwar über die ungerechte Erhöhung der Tabaksteuer in Kaspanien. Die Regierungen aller Länder wurden

bereits von den Flugleitungen über meine Forderung informiert. Übrigens, diejenigen unter Ihnen, die an einem Besuch der Akropolis interessiert sind, empfehle ich, in Athen von Bord zu gehen."
Jetzt weiß ich, worum es den Piraten geht. Aber, wo ist Kaspanien? Ich frage den Sprengstoffexperten neben mir. Diesmal antwortet er:
„Ich weiß es nicht. Aber die Welt ist voller Probleme. Warum sollen sie in Kaspanien keine haben?"
Diese Antwort ist mal wieder typisch. Eine hirnlose Mörderbande, die nur Befehle ausführt und noch nicht einmal die Zusammenhänge kennt. Aber, was geht das alles mich an? In Athen will ich raus aus diesem Waffenladen.
Nach der Landung bleibt unser Flugzeug auf der Landebahn stehen. Nach zwanzig Minuten kommt endlich die Anweisung des Entführers. Er spricht immer noch aus dem Cockpit:
„Liebe Freunde, die Griechenlandbesucher können jetzt die Maschine verlassen. Ich wünsche Ihnen viel Freude und auf Wiedersehen."
Wieder will ich aufspringen. Wieder hält mich mein explosiver Bewacher mit Gewalt zurück. Um unnötige Detonationen zu vermeiden, gebe ich nach. Dafür darf ich zusehen, wie fünfundvierzig Passagiere gemessenen Schrittes ihrer Freiheit entgegenstreben.
Nach Mitternacht verlassen wir Athen. Die Lichtpunkte der Stadt verschwinden. Wir sind wieder über den Wolken. Erschöpft schlafe ich ein und erwache erst, als wir in Israel auf dem Flughafen Lot landen. Diesmal hält mir der Pistolenträger seine Waffe unter die Nase und fordert mich auf, sitzen

zu bleiben. Nachgerade habe ich das Gefühl, daß ich für diese Banditen unentbehrlich bin. Vielleicht brauchen sie mich als Maskottchen. Diesmal verlassen achtunddreißig Personen das Flugzeug. Ihren Gesprächen kann ich entnehmen, daß sie sich auf einen Urlaub am Strand von Haifa freuen.
Endlich geht es weiter. Jetzt fliegen wir nach Paris. Inzwischen gehen die Luftpiraten, frech wie sie sind, im Gang auf und ab. Sie wechseln Scherzworte mit den restlichen Passagieren. Anscheinend haben diese charakterlosen Fluggäste vergessen, mit wem sie es zu tun haben. Dann fliegen wir in den französischen Luftraum ein. Nach der Landung rollen wir zehn Minuten hin und her. Als wir endgültig stehen bleiben, meldet sich unser Kapitän:
,,Hier spricht der Kapitän. Wir sind in Paris auf dem Flughafen ‚Charles de Gaulle' gelandet. Wir stehen mit den französischen Behörden in Funkkontakt. Sie heißen uns herzlich willkommen. Sie sind zuversichtlich, daß die Welt den Ernst der Lage in Kaspanien begreifen wird und die Forderung unseres so liebenswerten Begleiters erfüllt. Dieser bittet die Parisbesucher, die Maschine zu verlassen."
Die Pistole hindert mich daran, den Eiffelturm zu besichtigen. Nachdem weitere fünfundzwanzig Personen verschwunden sind, bleiben, außer den Entführern, nur noch acht Leidensgefährten mit mir in der Maschine zurück.
Zwei Stunden später sind wir wieder in der Luft. Es geht nach Hamburg. Dort scheint sich endlich die Lage zu entspannen. Der Luftpirat, der bislang im Cockpit war, betritt in Hamburg den Passagier-

raum. Gleichzeitig gibt der Kapitän bekannt:
,,Meine Damen und Herren, die Situation ist geklärt. Unser sehr verehrter Flugzeugentführer hat sich bereit erklärt, mit nur einer Geisel nach Stuttgart weiter zu fliegen, um sich dort der Polizei zu stellen. Alle anderen Personen können hier die Maschine verlassen. Unsere Fluggesellschaft bedankt sich bei Ihnen und hofft, Sie bald wieder begrüßen zu dürfen."
Daraufhin verlassen alle das Flugzeug. Nur noch der bewaffnete Entführer bleibt zurück. Er überzeugt mich mit vorgehaltener Pistole, daß ich eigentlich nach Stuttgart wollte.
Kaum sind die anderen draußen, als auch schon die Ausstiegsluke geschlossen wird. Wir rollen sofort an. Der Entführer, mit dem ich jetzt alleine bin, lächelt mich an, als hätten wir gemeinsame Sache gemacht, ein gemeinsames Ziel erreicht. Dann sagt er:
,,Na, mein Freund, nun haben Sie es bald überstanden. Sie wollten doch nach Stuttgart?"
,,Ja, aber bereits gestern", antwortete ich böse, ,,wenn Sie mich nicht mit Bomben, Dynamitladungen und Handgranaten daran gehindert hätten!"
Er lacht und antwortet kichernd:
,,Nein, nein, mein Lieber, das waren alles nur Attrappen. Keine Gefahr. Bis auf diese Pistole hier, die ist echt! Darum rate ich Ihnen auch, in Stuttgart mucksmäuschenstill auf Ihrem Platz zu bleiben. Ich werde zuerst hinausgehen und mich der Polizei ergeben. Danach wird man Sie schon holen kommen. Ist das klar?!"
Ich nicke eilfertig. Wenn man mir eine Pistole vor

die Brust hält, begreife ich besonders schnell. Da mein Bedroher aber umgänglich erscheint, wage ich, ihn noch zu fragen:
„Haben Sie denn die Veröffentlichung erreicht?"
„Welche Veröffentlichung?"
„Na, die Presseveröffentlichung wegen der Tabaksteuer in Kaspanien?"
Jetzt muß er schallend lachen und prustet:
„Mensch, Sie sind gut! Kaspanien! Das gibt es doch gar nicht!"
„Aber, wozu dann die ganze Entführung, mit sechs Komplizen?"
„Komplizen?"
Er lacht immer lauter, kann sich kaum noch beruhigen:
„Mann, Sie sind vielleicht eine Nachteule! Alles harmlose Touristen!"
„Jetzt verstehe ich gar nichts mehr!"
„Mann, die ganze Maschine war mit unserem Turnverein besetzt, einhundertdreiundfünfzig Mitglieder. Ich bin der Vorsitzende. Wissen Sie vielleicht eine bessere Lösung, wie man die Vereinsmitglieder, die alle nur ein Flugticket nach Stuttgart haben, zu ihren Urlaubsorten bringt? Jetzt haben alle sogar Anspruch auf einen Gratisrückflug. Zusätzlich können sie Ersatzansprüche stellen, wegen Nervenschocks, Verdienstausfall und so weiter. Damit finanzieren sie ihren Hotelaufenthalt."
Bis Stuttgart war ich sprachlos. Wenn sich das bei den Vereinen herumspricht, entsteht eine ganz neue Form der Touristik. In Stuttgart rollen wir auf der Piste aus und sind sofort von Militärfahrzeugen um-

zingelt. Der Vereinsvorsitzende hält mir nochmals die Pistole unter die Nase und zischelt:
„Jetzt Maul halten und sitzen bleiben! Machen Sie keine Dummheiten! Ich möchte nicht, daß am Schluß noch etwas passiert!"
Draußen ertönt lautstark ein Megaphon:
„Sie werden aufgefordert, sofort Ihre Geisel freizugeben! Innerhalb von zwei Minuten! Sonst stürmen wir die Maschine!"
Mein Bewacher blickt mich warnend an, steckt seine Pistole in die Tasche und geht mit erhobenen Händen zum Ausgang. Dann ist er draußen. Ich bleibe erleichtert zurück. Aus dem Lautsprecher kommt die Stimme des Kapitäns:
„Meine Damen und Herren, über die Anschlußentführungen unterrichtet Sie der Informationsschalter in der Ankunftshalle. Wir wünschen Ihnen weiterhin einen guten Flug."
Ich will mich gerade von meinem Sitz erheben, um meiner Wege zu gehen und nie mehr zu fliegen, als schwer bewaffnete Soldaten in Kampfanzügen mit Maschinenpistolen in ihren Händen in die Maschine stürmen. Bevor ich auch nur einen Gedanken fassen kann, werde ich von fünf Mann zu Boden geworfen und mit Handschellen gefesselt. Dann zerren sie mich rücksichtslos aus dem Flugzeug. Draußen leuchten die Blitzlichter der Fotografen auf. Bevor ich in einen der bereitstehenden Wagen gestoßen werde, bekommt mich noch einer der Reporter zu fassen und schreit:
„Schnell, sagen Sie mir, wo ist Kaspanien?"

Der Nabel der Welt

Man bringt seine Frau fort und bekommt eine Mutter mit Tochter zurück. Wie sie das in der Klinik gemacht haben, weiß ich nicht. Jeder Berufsstand hat seine Geheimnisse, auch der eines Professors der Gynäkologie. In der Klinik habe ich den Professor noch gefragt, ob ich mich irgendwie nützlich machen könne. Er meinte, ich könnte getrost meinem Familienzuwachs und seiner Rechnung entgegensehen. Danach richtete er seinen Blick auf meinen untersten Westenknopf und gab seiner Hoffnung Ausdruck, daß mein Bauch das gleiche Ergebnis hervorbringen möge wie der meiner Gattin. Dann sei ihm der Nobelpreis sicher.
Er hat Wort gehalten. Ich habe alles von ihm bekommen. Den Familienzuwachs, in Form einer jungen Dame namens Veronika, die dazugehörige Mutter und seine Rechnung. Die Rechnung ließ mich vermuten, daß er auch noch Professor der sphärischen Trigonometrie ist. Mehrwertsteuer hat er mir nicht berechnet, obwohl sie in diesem Falle verständlich gewesen wäre. Im übrigen habe ich immer noch meinen Bauch und er keinen Nobelpreis.
Obwohl die Umstände meiner Erstgebärenden nun vorbei sind, haben sich meine Umstände verändert.

Hatte ich bisher zwei Frauen, eine Mutter mit Tochter, von denen ich paradiesisch verwöhnt wurde, so besitze ich jetzt fünf Frauen. Zwei Mütter, zwei Töchter und eine Großmutter, die mir andauernd Befehle erteilen. Zunächst bekam ich die Anweisung, nicht so dumm herumzustehen. Durch intensives Üben vor dem Spiegel ist es mir gelungen, den gewünschten Zustand herzustellen. Jetzt bin ich der einzige Mann in unserem Haus, der intelligent herumsteht. Als nächstes erging an mich der Befehl, nicht dauernd im Wege herumzustehen. Dem nachzukommen, viel mir wesentlich leichter. Ich begann einfach, vor lauter Vaterglück zu schweben. Darüber hinaus habe ich eine ganze Menge anderer Dinge zu erledigen. Ich habe auf Zehen zu schleichen, die Türen geräuschlos zu öffnen und zu schließen und nur noch im Garten zu rauchen. Nachts, zwischen drei und vier Uhr, habe ich fröhlich aus dem Bett zu springen, um mich davon zu überzeugen, daß meine Tochter und ihre Mutter schlafen.
Meine große Stunde jedoch kam, als die Großmutter für einen Tag das Haus verlassen mußte, um die Ovationen der Öffentlichkeit entgegenzunehmen. Meine treusorgende Kindesmutter rief mich auf, meinen Vaterpflichten nachzukommen. Es stand uns eine größere Operation ins Haus, und ich war als Chefarzt und Operateur berufen. Es ging, so erklärte mir die Mutter der Patientin, um das Entbinden von Windeln und das Verbinden unseres derzeitigen Nabels der Welt.
Ich bekam genaue Instruktionen für die Vorbereitungsmaßnahmen. Sicherheitshalber notierte ich al-

les und begann den Operationsbedarf zusammenzustellen:
Doppelter Cognac, frische Windeln, Verbandsmull, doppelter Cognac, Verbandswatte, Puder, doppelter Cognac, Nabelbinde, Nabelöl, doppelter Cognac.
Dann desinfizierte ich meine Hände, legte ein weißes Hemd und einen ebensolchen Kittel an, band mir den Mundschutz um und war bereit. Die als OP-Schwester getarnte Mutter brachte die Patientin. Als diese mich sah, aber keinen Narkosearzt entdecken konnte, brüllte sie um ihr Leben. Statt, daß sie die Patientin beruhigte, fauchte die OP-Schwester mich an:
„Was soll der Mundschutz? Nimm das Ding ab!"
Als ich den Mundschutz abnahm, versetzte mein alkoholgeschwängerter Atem die zu Behandelnde sofort in eine wohltuende Narkose. Die damit verbundene, vorschriftsmäßige Operationsstille erleichterte uns die Arbeit wesentlich. Während die Schwester Oberin das Operationsinstrumentarium überprüfte, erteilte sie mir den Befehl:
„Nun fange doch schon an!"
Gekonnt wickelte ich die Patientin aus den Windeln.
„Ah! Prachtvoll! Einfach wunderbar!" lobte die Säuglingsschwester.
Zunächst dachte ich, sie meinte damit meine gelungenen Handgriffe. Dann aber roch ich, was ihre Bewunderung ausgelöst hatte, und band mir sofort wieder den Mundschutz vor die Nase. Als leitender Operationsarzt gab dann auch ich meine Diagnose bekannt:

„Ein ausgezeichneter, einwandfreier Stuhl! So, wie er sein soll. Nicht zu dick, nicht zu dünn, gerade recht. Die vorzügliche Konsistenz und auch die farblichen Nuancierungen sind sehr zufriedenstellend. Schade, daß die junge Dame sich in einen solch schlechten Geruch bringt."
Statt meine medizinischen Kenntnisse zu bestaunen, blaffte mich die Operationsschwester an:
„So ausführlich brauchst du das gar nicht zu erörtern. Oder willst du daraus wie aus Kaffeesatz noch weissagen? Bring ‚das' raus!"
Also brachte ich ‚das' raus. Dabei kam mir in den Sinn, wie unbeständig Mütter sind. Wenn meine Tochter sich in zwei Jahren das gleiche prachtvolle Produkt in die Höschen machen wird, wird ihre Mutter das gar nicht mehr wunderbar finden. Gestärkt von einem weiteren Cognac eilte ich zurück. Die OP-Gehilfin hatte inzwischen die Patientin gereinigt.
„Lüfte sie unten etwas an!"
Ich schob meine Hand unter ‚unten' und lüftete etwas an.
„Was grinst du?"
„Es geht so leicht. Bei dir würde ich mir den Arm ausreißen."
„Deine Witze werden immer schlechter. Gib mir den Puder."
In diesem Augenblick erwachte die Patientin aus der Narkose und strampelte mit den Beinen.
„Nun halte doch die Beinchen fest!"
Mit der einen Hand lüftete ich, mit der anderen Hand hielt ich den Puder, und mit der dritten Hand

erwischte ich gerade noch ein Bein. Das andere Bein strampelte weiter.
,,Mein Gott, du sollst die Beinchen festhalten!"
,,Dann bringe deiner Tochter gefälligst bei, synchron zu strampeln!"
,,Laß mich das machen. Siehst du, so macht man das. Nun pudere du sie ein."
Ich puderte sorgfältig ein und verlor dabei meine Frau aus den Augen. Als ich sie wieder sah, war ihr Haar schlohweiß geworden.
,,Du Idiot! Einpudern habe ich gesagt! Nicht panieren!"
Die Patientin hustete.
,,Siehst du, das hast du jetzt davon. Das Kind bekommt noch eine Staublunge. Halte jetzt die Watte und das Öl."
Ich tat wie befohlen.
,,Mach die Flasche auf."
Was denkt eine Frau, wie viele Arme ein Mann hat? Ich zog den Korken mit dem Mund heraus.
,,Jetzt öle den Nabel ein."
Vor Schreck verschluckte ich den Korken. Er rutschte wie geölt hinunter. Dann begann ich, den Nabel zu ölen.
,,Bist du wahnsinnig? Willst du das Kind in Öl ertränken? Ein paar Tropfen genügen. Tropfen habe ich gesagt! Wenn du weniger saufen würdest, würden deine Hände nicht so zittern! Nimm jetzt die Watte und die Binde, lege beides auf den Nabel und halte das Ganze mit deinem Daumen fest."
Ich jonglierte mit Flasche, Watte, Binde, Nabel und Daumen, brachte die Reihenfolge aber durcheinan-

der, weshalb die Mutter gequält aufschrie:

,,Die Watte auf den Nabel, du Trottel! Nicht auf die Binde!"

Ich veränderte die Aufschichtung und packte meinen Daumen obendrauf.

,,Bist du verrückt? Drücke ihr nicht so auf den Bauch!"

,,Ich drücke nicht! Sie drückt!"

,,Locker, du Rabenvater, locker, sage ich!"

Ich ließ locker, worauf sich die Binde locker entfernte.

,,Der Mann ist zu nichts zu gebrauchen! Halte doch die Binde fest, damit ich wickeln kann!"

Ich legte meinen Daumen auf die Aufschichtung von Patientin, Nabel, Puder, Öl, Watte und Binde, hielt alles zusammen, und in diesem Moment brüllte die Patientin los. Gleichzeitig streckte sie ihren Bauch immer weiter heraus, er wölbte sich wie ein Hefekuchen.

,,Aufhören!" schrie ich, ,,Aufhören, sonst platzt sie!"

Die Frau mit dem Wickel lief krebsrot an:

,,Verdammt, kannst du nicht festhalten? Jetzt ist die Binde verrutscht! Die Watte auch!"

,,Natürlich halte ich fest, wenn du nur schneller wickeln würdest!"

,,Wenn du das Kind unten anheben würdest, könnte ich schneller wickeln!"

Also hob ich unten an und drückte oben drauf. Entsprechend lauter wurde das Gebrüll.

,,Ich kann es nicht mit ansehen, wie du dem Kind deinen Daumen in den Bauch bohrst!"

„Dann mache deine Augen zu und fange an zu wickeln, bevor mir die Arme absterben!"
Endlich war alles eingewickelt. Kind, Nabel, Puder, Öl, Watte und Daumen.
„So, jetzt kannst du loslassen."
„Ich kann nicht loslassen, mein Daumen ist eingewickelt."
„Dann ziehe ihn heraus."
Ich zog.
„Ich werde wahnsinnig! Jetzt hast du die Watte mit herausgezogen!"
„Ich habe sie nicht herausgezogen, du hast sie um meinen Daumen gewickelt. So, wie du gewickelt hast, können wir froh sein, daß der Nabel noch drin ist!"
Unter dem Gebrülle von Mutter und Tochter begann der ganze Vorgang wieder von vorn: pudern, ölen, anlüften, sanft und fest andrücken, Watte, Binde und Nabel zusammenhalten, und das alles zugleich. Ich war wie aus dem Wasser gezogen. Der Schweiß zog Streifen durch mein gepudertes Gesicht. Ich wankte hinaus und versuchte mir mit zitternden Händen einen Cognac einzuschütten. Aus dem Kinderzimmer hörte ich schmatzende Geräusche und die Stimme der treusorgenden Mutter:
„Ja, mein armes Schätzchen, nun ist alles gut. Der Papi ist aber auch zu grob."
Ich ging ans Telefon und rief den Professor an, um ihn zu konsultieren. In meinem sowie im Interesse meiner Frau empfahl er mir, die nächste Tochter zu adoptieren. Diese müßte aber dann schon in einem Lebensalter sein, in dem sie aus dem Gröbsten her-

aus wäre. Ich mußte ihm recht geben. Nur so würde mir noch Schlimmeres erspart bleiben. Das ideale Adoptionsalter dürfte zwischen ihrem achtzehnten und zwanzigsten Geburtstag liegen. Später haben die Mädchen ein zu großes Gewicht, ich kann sie dann nicht mehr anlüften.

Fußballpsychotechnik

Millionen von Zuschauern verfolgen jede Woche in den Fußballstadien oder vor den Bildschirmen den Kampf der Fußballmannschaften um Tore und Siege. Aber, obwohl alle Fußballfans davon überzeugt sind, daß die besseren Mannschaften gewinnen, diese gewinnen nicht! Es siegen immer nur die Mannschaften, die über die bessere Psychotechnik verfügen.
Haben wir uns nicht schon oft darüber gewundert, daß der Trainer einer erfolgreichen Fußballmannschaft meistens ein dicker, feister und kettenrauchender Kerl ist, der keine zwanzig Meter hinter dem Ball herlaufen könnte, ohne daß ihn dabei der Herzschlag träfe? Zwei Betreuer müssen ihn stützen, wenn er seine zweihundertfünfzig Pfund Lebendgewicht an den Spielfeldrand schleppt, um von dort unflätige Beschimpfungen über das Spielfeld zu brüllen. Danach wankt er mit krebsrotem Gesicht, vollkommen außer Atem, dem Herzinfarkt näher als seine Spieler dem Ball, zurück zur Bank, um sich dort mit zitternden Händen die vierundsechzigste Zigarette anzuzünden. Nun wissen sie es! Das ist nicht der Trainer! Das ist der Mannschaftspsychologe!

Dessen Aufgabe besteht nicht darin, die eigenen Spieler psychologisch zu betreuen und für den Kampf zu motivieren. Nein, er muß die Seelen der Gegner analysieren, weil er seinen elf Männern Verhaltensregeln mit auf den Weg geben muß, durch die der Gegner zu unbedachten Handlungen verleitet werden soll. Deshalb wird auch die endgültige Mannschaftsaufstellung immer erst kurz vor Spielbeginn bekanntgegeben, nur um dem gegnerischen Psychologen die Arbeit zu erschweren. Auch die Seelenanalyse der Schieds- und Linienrichter obliegt diesem Kenner der männlichen Fußballpsyche. Sobald dieser Mannschaftspsychologe seine Untersuchungen abgeschlossen hat, kann er mit seiner Mannschaft den notwendigen psychotechnischen Spielablauf besprechen.

„Also Barkowski, du als Stürmer kümmerst dich um den Brandner, Verteidiger. Brandner ist ein durch und durch cholerischer Mensch. Wenn er versucht, deinen Angriff zu stoppen, dann mußt du ihn reizen! Beleidige ihn! Er gerät dann vor Wut außer Kontrolle und macht Fehler. Dagegen müßt ihr beim Haffner, Stürmer, bedenken, daß der kaum aus der Ruhe zu bringen ist. Ein kaltblütiger Bursche. Da aber seine Eltern früh geschieden wurden, hat er immer nur bei seinem Vater gelebt. Seinen Vater liebt er über alles. Schachtmeister und Seelmüller, ihr beide könnt ihn damit in die Zange nehmen. Übrigens, der Schiedsrichter wohnt im Hotel Ambassador, und seine Freundin ist auch dort eingetroffen. Wenn das seine Frau wüßte! Breitmann, du als Kapitän unserer Mannschaft könntest das geschickt anbringen, aber erst im richtigen Augenblick. Nun zum gegnerischen Torwart. Der hat seine zarte Seele entdeckt. Er schreibt Gedichte! Liebesgedichte! Denkt daran, wenn eine Ecke geschossen wird und ihr bei ihm steht."

Eine Stunde später kennt jeder die Psyche seiner Gegenspieler besser als seine eigene, und der psychotechnische Kampf kann beginnen. Also wird Barkowski, wenn er auf das gegnerische Tor losstürmt, von dem Verteidiger Brandner angegriffen, und Barkowski wird, eingedenk der Worte seines Mannschaftspsychologen, den cholerischen Verteidiger Brandner anbrüllen:
,,Hau ab, du Warzenschwein!"
Wütend wird der Brandner zurückschreien:
,,Was? Soll ich dich in die Hacken treten?"
Barkowski aber, sich seiner psychologischen Verantwortung voll bewußt, setzt seinen Psychoterror fort:
,,Du sollst abhauen, du Stinktier!"
Das ist zuviel für den cholerischen Brandner. Er sieht nicht mehr den Ball, sondern rot! Er schnappt sich den Barkowski und hält ihn am Hemd fest, um ihn mächtig in die Hacken zu treten. Aber da läßt Barkowski sich bereits fallen. Selbigen Augenblicks kommt der Pfiff des Schiedsrichters. Gelbe Karte für Brandner, Freistoß für den psychotechnisch spielenden Barkowski, und — Tor!!
Oder, wenn der gegnerische Torjäger Haffner angestürmt kommt, dann beherzigen Seelmüller und Schachtmeister, die beiden Verteidiger, die Anwei-

sungen ihres Mannschaftspsychologen, und der Seelmüller brüllt:

„He, Haffner, du sollst zu deinem Alten kommen, der ist wieder besoffen!"

Und der Schachtmeister assistiert:

„Halt! Du Sohn eines Säufers!"

Der angreifende Haffner versucht, blind vor Wut, dem Seelmüller die Beine wegzuschlagen. Dabei verliert er den Ball, den erwischt der Schachtmeister, und der Angriff ist abgeschlagen.

Dann kommt es zum Eckstoß. Alle stehen beim gegnerischen Tor. Gebannt erwartet der gegnerische Torhüter den Eckball. Der Spieler an der Ecke aber läßt sich Zeit. Viermal legt er sich den Ball zurecht. Warum? Damit seine Kollegen den Torwart in die psychologische Mangel nehmen können:

„He, du Käfigaffe, was habe ich gehört? Du schreibst Pornogedichte?"

Und der zunächst stehende Spielgefährte macht mit beim Psychokrieg gegen den Torwart und brüllt:

„Mensch, Pornogedichte, das ist die Marktlücke! Das sind die modernen Frau-Wirtin-Verse! Frau Wirtin hat auch einen Torwart, und wenn sie mal was vor hat...!"

Der so geschmähte Torwart wendet sich wütend seinen Bedrängern zu und faucht:

„Haltet das Maul, ihr Primivlinge, sonst vergesse ich mich!"

Aber da ist es bereits passiert! Tor! Toor!!

Das ist psychotechnischer Fußball! Und so geht die Mannschaft bereits nach der ersten Halbzeit mit ei-

nem psychologisch verdienten 2:0 Vorsprung in die Kabinen. Dort umarmen sie ihren Psychologen, der immer nur glücklich ächzt:
„Habe ich es nicht gesagt? Habe ich es nicht gesagt?"
Kein Wunder, daß diese Mannschaftspsychologen astronomische Gehälter erhalten.

In der zweiten Halbzeit läuft das Spiel erwartungsgemäß. Allerdings für den Psychologen der gegnerischen Mannschaft. Erst kommt das 2:1, dann das 2:2 und das 2:3! Psychologisch geschlagen und halb bewußtlos vor Enttäuschung, kriecht der seelisch zerstörte Mannschaftspsychologe zum Spielfeldrand und brüllt nach Breitmann dem Mannschaftskapitän, um ihn auf den Schiedsrichter zu hetzen. Als dann die beiden Verteidiger, Schachtmeister und Seelmüller, in ihrer Verzweiflung den gegnerischen Stürmer Haffner im Strafraum umlegen und ein Elfmeter unvermeidlich erscheint, eilt Breitmann zum Schiedsrichter und flüstert ihm zu:
„Das war kein Foul! Der Haffner hat eine Fliege gemacht! Fragen sie ihre Freundin, die im Hotel Ambassador vor dem Fernseher sitzt und zugesehen hat!"
Der Schiedsrichter ist tatsächlich geschockt. Er überlegt, was er tun soll. Dann geht er zum Linienrichter. Beide stecken die Köpfe zusammen. Dann kommt der Schiedsrichter zu Breitmann zurück und entscheidet:
„Die Freundin ist nicht meine Freundin, sondern die Frau des Linienrichters. Der aber sagt, so wie er

seine Frau kennt, würde diese jetzt einen Elfmeter erwarten!"
Dann ist das Spiel aus und 2:4 verloren. Zwei Mannschaftsärzte bemühen sich um den geschlagenen Psychologen. Der starrt seine Spieler mit glasigen Augen an und stammelt:
,,Wie war das nur möglich? Dieser Kretin, drüben bei den anderen, hat noch nicht einmal Psychologie studiert! Wie konnte das nur geschehen?"
Und Breitmann, der Mannschaftskapitän, wird ihn aufklären:
,,Nur durch einen ganz miesen, psychologischen Trick! Er hat jedem seiner Leute, wenn sie doch noch gewinnen, eine Prämie von fünftausend Mark versprochen!"

Was also, so fragt man sich, macht dann die Fußballspiele so spannend? Diese Faszination entsteht, weil bei jedem Kampf ein Mitspieler dabei ist, der sich von den beiden Mannschaftspsychologen nicht beeinflussen läßt! Es ist, als ob dessen Psyche nur aus Luft bestände. Um diesen Mitspieler unter Kontrolle zu bekommen, verlangen die Mannschaftspsychologen von ihren Fußballspielern eine Leistung, die sie selbst nicht beeinflussen können: Ballbeherrschung!

Das Traumhaus

In unserer Stadt sind prachtvolle Mustereigenheime erbaut worden. Diese Musterhäuser sollen die Abbilder von Eigenheimen sein, die zum Kauf und Bau angeboten werden. Diese sollen angeblich in einem noch unberührten Gebiet inmitten ursprünglicher Natur entstehen, umgeben von herrlichen Wäldern, umspült von klarem Quellwasser, mit Aussicht auf die Alpen und mit Blick über das Meer, nur fünf Minuten von der Einkaufscity entfernt, Schule, Universität und Arbeitsplatz in direkter Nähe. Der nach einem Eigenheim gierende Bürger wurde eingeladen, egal zu welcher Unzeit, diese komplett eingerichteten Musterhäuser zu besichtigen.
In solch ein Musterhaus ist meine Treusorgende angeblich rein zufällig hineingeraten. Seitdem ist sie außer sich. Ihre seelenlose, aber wohlgeformte äußerliche Hülle ist bei mir, während sich ihr Innenleben im Haus ihrer Träume befindet. Dort treibt es sich in der Sauna, im Schwimmbad, im Lotterbett und in der elektronischen Küche herum. Es entfacht Feuer im Kamin, erfreut sich am Alpenglühen und am Brausen der Brandung, erntet im Garten Apfelsinen, Kresse, Ananas und Walnüsse und begießt Edelweiß und Strandhafer. Dann sitzt es unter dem

schattigen Laub eines gewaltigen Birnbaums und genießt dort im Kreise der Familie Kaffee und Kuchen aus eigenem Anbau.
Dieser Zustand war unhaltbar. Um ihr Gelegenheit zu geben, sich wieder mit ihrer Seele zu vereinen, sind wir zu ihrem Traumhaus gefahren. Der Hausverkäufer, der uns auch angeblich rein zufällig erwartete, war mit dem Innenleben meiner Treusorgenden bestens vertraut. Er schloß mich gerührt in seine Arme und führte mich durch das Traumhaus. Nach dem fünften Rundgang hatte ich 1 200 qm Wohnfläche, drei Schwimmbäder, fünf Einliegerwohnungen und fünfzehn Badezimmer gezählt. Das Ganze so gut wie geschenkt, ohne Eigenkapital, keine Anschaffungskosten, glückliches, sorgenloses Leben. Jetzt oder nie, letzte Möglichkeit heute, weil er angeblich rein zufällig vergessen hätte, das Haus Nr. 13 zu verkaufen.
Während sich die beiden Teile meiner Schizophrenen noch miteinander stritten, ob die Badezimmer in reseda oder zartgrün getönt und mit runden oder versenkbaren Badewannen ausgestattet sein sollten, versuchte ich Näheres über das ‚so gut wie geschenkt' zu erfahren. Der Grund und Boden umfaßte 450 qm. Laut der Zusage des Hausverkäufers würde mir diese Fläche bis zum Erdmittelpunkt gehören. Seine Berechnungen hätten eine Milliarde Kubikmeter Erdreich ergeben. Alles reinster Humus. Obwohl Humus nicht unter 80,— DM pro Kubikmeter zu erhalten sei, würde er mir, Gott weiß warum, den Kubikmeter für DM 0,000045 verkaufen.

Da wären zwar noch ein paar lumpige Baukosten, aber die könnte ich getrost vergessen, denn seine Baugesellschaft sei nur auf den gemeinen Nutzen ausgerichtet. Es würde ihn sogar stören, wenn ich eigenes Kapital hätte und rechnen könnte. Leute meines Schlages seien seine liebsten Kunden. Mit mir wäre es ihm ein Vergnügen Finanzierungsverträge abzuschließen, die ihresgleichen noch nie gesehen hätten. Niemals hätte jemand Gelegenheit gehabt, ein Haus zu solchen Bedingungen zu kaufen. Das würde mir seine Hausbank garantieren, die auch nur den gemeinen Nutzen im Sinn hätte. Dort solle ich kurz vorbeikommen, ein paar lumpige Formulare unterschreiben, dann wäre ich für mein ganzes Leben bedient. Ich wäre dann ein reicher Mann, weil sich der Wert meines Hauses alle zehn Jahre verdoppeln würde, so daß mein Haus in hundert Jahren den eintausendundvierundzwanzigfachen Wert von heute hätte.

Ich suchte in den Räumen des Hauses nach den Teilen meiner Gespaltenen, hielt ihre Bruchstücke im Wagen mit dem Sicherheitsgurt zusammen und fuhr meine wiedervereinigte Traumhaussüchtige, zu ihrem Entsetzen, in unsere alte Wohnung zurück. Dort verlangte ich, daß wir wegen meiner vielfältigen Bedenken nichts überstürzen, sondern alles reiflich überlegen sollten. So sehr meine Treusorgende auch flehte und bettelte, es blieb bei meiner Entscheidung:

„Nein! Ich lasse mich nicht von dem erstbesten Hausverkäufer breitschlagen! Ich fahre in keinem Falle zur Bank! Nicht eher als morgen früh!"

Bei der Bank schien man mich und meinen größten Koffer, den ich für den Geldtransport mitgenommen hatte, schon zu erwarten. Die Türen öffneten sich automatisch, um sich nach meinem Eintreten hermetisch zu verriegeln. Ich ging zum Kassenschalter, zeigte auf meinen Koffer und verlangte das Geld für das Traumhaus meiner Treusorgenden. Der Kassierer, anscheinend mit solchen Forderungen bestens vertraut, ging an die Sprechanlage und rief:
,,Herr Hoffmann, Siedlung Kuckucksnest!''
Herr Hoffmann kam. Wir kannten uns. Er war angeblich rein zufällig der Hausverkäufer. Das vereinfachte die Angelegenheit, und wir machten uns an die paar lumpigen Formalitäten.
Zunächst ging es um die Finanzierung. Die 1A, 1B und 1C Hypotheken waren schnell geregelt, konnten aber noch nicht auf das Dach des Hauses verlagert werden, weshalb Hoffmann eine Vorfinanzierung einschalten mußte. Mein kleines Bauspardarlehen und das noch kleinere Arbeitgeberdarlehen entlockten ihm nur ein müdes Lächeln und eine Zwischenfinanzierung. Da er Eigenkapital bei mir schmerzlich vermißte, ergaben sich ein paar lumpige Komplikationen. Mit einem Landesbaudarlehen, einem Darlehen für ehemals junge Familien und einem Familienzusatzdarlehen ging es jedoch zügig weiter.
Danach erklärte er unsere Oma zur Mieterin der Einliegerwohnung, was ein Mieterdarlehen einbrachte. Weil ich die Verpflichtung übernahm, die Oma mit dem Mietzins zu unterstützen, konnte er

mir Wohnungsfürsorgemittel zur Verfügung stellen. Nach dem Verkauf der Oma bot ich meine beiden Kinder feil. Dafür konnte er Aufwendungsbeihilfen locker machen. Meine Frau kannte er inzwischen zu gut, weshalb er nichts für sie bezahlen wollte. Als Ausgleich erhielt ich ein 7C Darlehen. Da sie jedoch noch im gebärfähigen Alter sei, ließ er mit sich über ein Familienzuwachsdarlehen reden. Fast hatten wir das Haus zusammen. Genau betrachtet, stand es aber finanziell immer noch schief. Hier konnte Hoffmann mit einem Ausgleichsfonds helfen. Jetzt fehlte nur noch das Restkaufgeld. Ob ich vielleicht etwas zu beleihen hätte, dann ließe sich noch über eine Buchhypothek reden.

Da ich meine Frau, meine Kinder und die Oma bereits verkauft hatte, konnte ich nur noch mich selbst anbieten. Das brachte Hoffmann auf die Lösung. Er ging hinaus und kam als Versicherungsagent wieder. Er versicherte mich auf Tod oder Leben, wobei ich mich verpflichten mußte, garantiert zu sterben. Diesen Versicherungsvertrag ließ er vorfinanzieren, betrachtete die freigewordenen Mittel als Fremdgelder, so daß mir noch ein Entschädigungsdarlehen gewährt werden konnte.

Hoffmann rieb sich die Hände. Jetzt brauchten wir nur noch ein paar lumpige Verträge zu erstellen. Es war wirklich nicht der Rede wert. Die Darlehensverträge und ein Kaufanwartschaftsvertrag, ein Besteller- und Lieferungsvertrag, die Hypothekenbriefe und Schuldurkunden sowie die Grundpfandbriefe. Blieben nur noch die Schuldhaftentlassungsanträge, die Rechtsabtretungsverträge, die Rechtser-

klärungsverträge und der Behördenleistungsvertrag. Damit war alles, bis auf den Zwangsverwaltungsvertrag, den Bewilligungsbescheidantrag und die selbstschuldnerische Bürgschaftserklärung, erledigt. Lediglich der Treuhandvertrag, die Unterwerfungserklärung unter die sofortige Zwangsvollstreckung und die Abtretungserklärungen mußten noch ausgefüllt werden.
Meine Frage, ob nun alles erledigt sei, konnte Hoffmann freudig bejahen. Sobald der Notarvertrag und der Architektenvertrag vorliegen würden, fehle nur noch der Hypothekensicherungsschein und der Vertrag über die Parzellennutzungsrechte. Zusammen mit dem Baugesuch und der Baubeschreibung, unter Beifügung der baupolizeilichen Genehmigung, könnte der Baufreigabeschein beantragt werden. Dieser würde dann, zusammen mit der Grenzbescheinigung, der Bürgschaftserklärung und der Unbedenklichkeitsbescheinigung des Finanzamtes, unter Beifügung des Lageplanes, die Unterlage bilden, mit der die Grundschuldeintragung beim Katasteramt beantragt werden könnte. Dann hätten wir schon alles. Bis auf den Negativ-Test der Gemeinde und der Zustimmung des Landratsamtes. Vom Landratsamt würde ich dann einen roten Punkt erhalten, und den könne ich mir an das Haus kleben. So einfach sei das.
Ich bedankte mich bei Hoffmann, preßte die Formulare in meinen Koffer, um damit zur Kasse zu gehen. Hoffmann aber hielt mich zurück. Da wären noch ein paar lumpige Kosten, die eigentlich nicht der Rede wert seien. Weil Hoffmann für die Addi-

tion der Kosten eine zwölfstellige Rechenmaschine benutzte, ging es wieder zügig voran. Es ging um die Erschließungskosten, die Bauwesenversicherung, die Bauleitungs- und Bauführungskosten, das Architektenhonorar, die Baunebenkosten, die Notarkosten, die Betreuungsgebühr und die Grundabgaben. Der Rechner schluckte alles, auch noch die Grunderwerbssteuer, den Risikozuschlag, die Verwaltungskosten und die Kanalbenutzungsgebühr. Dann hatte der Rechner den Kanal voll. Mit der zweiten Maschine, die einen Endlosstreifen hatte, ging es leichter. Da waren nur noch die Müllabfuhrkosten, die Straßenreinigungsgebühren, der Winterbauzuschlag und die städtischen Abgaben. Nachdem das Agio, das Disagio, die Geldbeschaffungskosten und die Anschlußkosten errechnet waren, mußten wir auf die EDV-Anlage umsteigen. Diese übernahm die statischen Berechnungskosten, die Gebrauchsabnahmegebühren sowie die Prüfstatikgebühren. Auch die Hypothekengewinnabgaben, die Vermessungskosten, die Gerichtskosten, die Treuhandgebühren, die Schuldzinsen, die Tilgungssätze und die Anliegerkosten. Die noch nicht erfaßten Bearbeitungsgebühren mußten wir wegen Überfüllung des EDV-Speichers von Hand errechnen.

Endlich hatten wir es geschafft. Bis auf die Finanzierung der Kosten. Wir gingen noch einmal alle Möglichkeiten durch. Nichts mehr! Hoffmann war verzweifelt. Kein Haus! Das bedeutete, ich würde auf ewig hinter der Seele meiner Frau herlaufen müssen.

„Nein", rief ich aus, „eher springe ich aus dem Fenster!"

„Das ist es!" rief Hoffmann, „Eine Unfallversicherung!"

Ich mußte ihm versprechen, mich innerhalb von vier Wochen vom Berg meiner Schulden zu stürzen. Dann gäbe es Geld! Bis dahin sollte ich eine Schuldhaftung übernehmen, diese würde er in eine Lastenübernahme verwandeln, um sie als Sicherheit für ein Aufbaudarlehen zu verwenden, und damit seien die Kosten gedeckt. Gerührt sanken wir uns in die Arme. Er nahm Abschied von mir und ich meinen Formularkoffer und fuhr heim zu meiner stolzen Traumhausbesitzerin.

Ich wuchtete meinen Koffer in die Wohnung und legte mich in ihn hinein, um einen Überblick über meine Verpflichtungen zu gewinnen. Aber schon zwei Minuten später wollte meine Familie zu ihrem Traumhaus fahren. Glücklicherweise war der Hausverkäufer anwesend. Aber alle Hinweise auf meine Person, auf die Seele meiner Treusorgenden sowie auf den Koffer, ließen Hoffmann kalt. Er verweigerte uns den Einzug in unser Haus. Wir möchten uns gefälligst in die Siedlung Kuckucksnest, Adresse anbei, begeben. Dort, auf Parzelle 7046, stände zwar noch nicht unser Haus, aber wir auf eigenem Grund und Boden.

Bereits nach einer dreistündigen Autofahrt erreichten wir die Siedlung Kuckucksnest. Sie lag in direkter Nähe der Autobahn, lediglich durch eine Lärmschutzwand davon getrennt. Ein Teil der Siedlung war bereits fertig. Dort stand Traumhaus an

Traumhaus, alle nebeneinander und aneinander in einer Reihe. Das war notwendig, weil sie sonst unter der Last der Hypotheken zusammengebrochen wären. Wir suchten die Parzelle 7046. Glücklicherweise trafen wir die Bauaufsicht. Diese bestand aus einem invaliden Rentner, der darauf zu achten hatte, daß kein Humus gestohlen wurde.

So wankte eine fünfköpfige Familie hinter einem Humusverwalter durch knietiefen Lehm zur Parzelle 7046. Wir trauten unseren Augen nicht. Die Parzelle 7046 ging tatsächlich bis zum Erdmittelpunkt. Das gegrabene Loch schien nicht weit davon entfernt. Ich blickte auf meine Treusorgende. Ihre Seele war abwesend. Mit weitausholenden Armbewegungen malte ich schnell ihr Traumbild in die Luft: ,,Siehst du dort den Hügel mit dem Bauschutt? Dort wird einmal dein blätterwaldrauschender Birnbaum stehen unter dem wir selbstangebauten Kaffee und Kuchen genießen werden. Dort in dem großen Loch werden wir in stahlblauem Wasser schwimmen. In der Nische wird unsere Sauna sein. Dort oben, wo jetzt der Spatz herfliegt, wird Oma wohnen, und vom Dachzimmer aus werden wir die Autos sehen, die nach Süden in die Bergwelt oder nach Norden an das weite Meer fahren. Wo der Bagger steht, wirst du Walnüsse und Kresse ernten.''
Meine Familie war zu Lehm erstarrt. Ich zog sie einzeln aus dem bis zum Erdmittelpunkt reichenden Dreck und bedankte mich bei der Bauaufsicht.
Nun stehe ich vor meinem Spiegel und betrachtete mich genau. An irgendeinem Unterschied muß man

doch den Hausbesitzer von den nicht seßhaften Menschen unterscheiden können? Ich forschte lange. Dann sah ich es. Es gibt keinen äußeren Unterschied. Die Hausverkäufer kann man trotzdem erkennen. Natürlich nicht an ihrem Aussehen, sondern an ihrem Slogan:
,,Your home is my cash!"

Samson und Delila

In einem gut funktionierenden Haushalt hat jedes Familienmitglied seinen hierarchischen Platz und die damit verbundenen Machtbefugnisse. So wie bei uns. Oma kommandiert ihre Tochter, ihre Enkelkinder und mich. Ihre Tochter befehligt mich und die Kinder. Die Kinder erteilen mir ihre Anordnungen, und ich gebe den Blumen die notwendigen Befehle. Damit soll nicht gesagt sein, daß ich in unserer Familie eine untergeordnete Rolle spiele. Ich spiele überhaupt keine Rolle! Früher hat man mich noch ab und zu gefragt, wie spät es sei. Seitdem wir einen Untermieter aufgenommen haben, ist auch diese Konversation versiegt.
Dieser Untermieter heißt Samson und kommt aus Australien. Den ganzen Tag scharwenzelt meine Familie um ihn herum:
,,Hallo Samson, gut geschlafen? Wird ein erfrischendes Bad gewünscht? Wie wäre es zum Mittagessen mit grünem Salat und zum Nachtisch mit Obst? Lieber Äpfel oder Bananen?"
Will ich meine Familie sehen, muß ich zu Samson gehen. Dort ist sie komplett versammelt. Er erzählt ihnen lange Geschichten und prahlt, übertreibt und lügt, daß sich die Balken biegen. Manchmal muß er

selber über seinen hahnebüchenden Unsinn lachen. Wird ihm das aufdringliche Getue meiner Familie zu viel, verzieht er sich in die hinterste Ecke seiner Behausung. Dort legt er den Kopf schief und betrachtet meine sich ihm aufdrängende Sippschaft nur noch mit einem Auge. Kein Wunder, denn diese heuchlerische Bande hat ihn eingesperrt. Ihn, der an die Weite der australischen Grassteppe und an die Unendlichkeit des Himmels gewöhnt ist, halten sie gefangen. In einem Käfig. Samson, den Wellensittich.
Ich konnte das nicht mehr mit ansehen. Als er von seinen Kerkermeistern unbewacht war, öffnete ich ihm die Gefängnistür. Seither schwirrt Samson durch die Räume unseres Hauses, und mir schwirrt der Kopf von der Standpauke meiner ehelichen Kommandeuse:
,,Hast du die Käfigtür absichtlich oder unabsichtlich geöffnet?''
,,Jawohl!''
,,Du hast wohl einen Vogel?''
,,Jawohl!''
,,Stelle dir vor, er würde in die Küche fliegen und in den Kochtopf fallen!''
,,Jawohl!''
,,Du bildest dir wohl ein, daß er seinen Käfig als Gefängnis empfindet?''
,,Jawohl!''
,,Er tut dir wohl leid?''
,,Jawohl!''
,,Meine Küche ist auch ein Gefängnis!''
,,Jawohl!''

„Tue ich dir etwa leid?"
„Jawohl!"
„Soweit ist es mit uns gekommen! Du liebst mich nicht mehr! Ich tue dir nur noch leid! Den Vogel läßt du heraus, und mich sperrst du ein! Dieses Haus ist mein Gefängnis! Wer macht mir denn die Tür auf, damit ich in die Welt hinausfliegen kann? Du vielleicht? Der Vogel ist freier als ich! Wovon bin ich denn frei? Bestenfalls von Fieber! Soll ich dir sagen, wozu der Vogel seine Freiheit benutzen wird? Mir überall seine Haufen hinzukleckern! Und du wirst so frei sein und sie wieder entfernen!"
„Jawohl!"
Seither fliege ich vor und hinter Samson her. Vor ihm her mit dem Schreckensruf:
„Sind die Fenster zu? Ist die Terrassentür zu? Nicht die Haustür öffnen!"
Hinter ihm her, um seine Flugbahnen zu entkleckern.

Seit Samsons größerer Freiheit leben wir wie in einer luftdicht verschlossenen Konservendose. Die Verbindung zur Außenwelt können wir nur noch über das Telefon aufrecht erhalten. Zu allem Überfluß spielt dieser unser letzter Draht nach draußen auch noch verrückt. Klingelt das Telefon, und man nimmt den Hörer ab, meldet sich das Freizeichen. Erst als das Telefon, trotz abgenommenen Hörers, unentwegt weiterklingelt, erkennen wir die Ursache. Samson klingelt. Er imitiert unser Telefon so perfekt, daß wir uns jedesmal fragen: Ist es das Telefon, oder ist es Samson? Gehen wir ans Telefon, so

war es Samson. Gehen wir nicht, war es ein wichtiger Anruf.
Da wir telefonisch nicht mehr zu erreichen sind, verstärkt sich der Besucherstrom an unserer Haustür. Plötzlich beginnt mit der Türglocke der gleiche Spuk. Läutet es, und man geht an die Haustür, ist keiner da. Samson läutet. Sogar mit Gefühl. Manchmal mehrfach und dringend, manchmal nur einmal und sanft. Jedesmal fragen wir uns: Ist jemand an der Haustür, oder läutet Samson? Öffnen wir die Haustür, so war es Samson. Öffnen wir nicht, war es der Geldbriefträger. Manchmal schrillen Türglocke und Telefonglocke gleichzeitig. Eine von beiden muß Samson sein. Aber welche? Darum stürzt der eine zur Tür und der andere zum Telefon. Doppelte Fehlanzeige! Samson kann beides gleichzeitig! Samson hat es geschafft. Wir sind von der Außenwelt abgeschnitten.
Er hat seine diabolische Freude daran, uns zu narren. Er blinzelt mit einem Gemisch von Hohn und Mitleid im Auge auf uns herunter. Sein Repertoire wird immer größer. Er pfeift wie unser Wasserkessel, so daß die ganze Familie herbeistürzt. Seine größte Gemeinheit besteht darin, um vier Uhr in der Frühe zu rasseln wie unser Wecker. Nur, um seine Sklaven aus den Betten zu treiben. Von dieser frühen Stunde an schnarrt, klingelt, läutet und pfeift er sich durch unseren Tag. Und so wie einst Samson, der Nasiräer, den Tempel der Philister zum Einsturz gebracht hat, so bringt jetzt Samson, der Wellensittich, die Ordnung unserer Familie ins Wanken. Mit dem Erfolg, daß meine Vogelbesitzerin mir den Be-

fehl erteilt:
„Fange diesen Sauhund von Vogel ein, und schaffe ihn mir, bevor ich wahnsinnig werde, gefälligst aus dem Haus!"
Aber wie Samson einfangen? Er ist flinker als ein Wiesel und schneller als ein Gedanke. Er kennt alle meine Tricks im voraus. Außerdem hat er entscheidende Vorteile. Er wiegt neunzig Gramm und hat Flügel. Ich wiege neunzig Kilo und habe einen Bauch. Obwohl ich mein Bestes tue, um ihn zu erwischen, werde ich von der Mutter der Kompanie angebrüllt:
„Hör auf, die Wohnung zu demolieren! Dieses Vieh muß man überlisten!"
Damit bringt sie mich auf die Lösung. Einen Mann muß man ins Garn locken, so wie es Delila mit Samson getan hat. Also gehe ich, Delila zu suchen. Ich finde sie, verführerisch und flatterhaft, in einer zoologischen Handlung. Voller Zuversicht bringe ich sie heim und setze sie in Samsons Käfig. Unwirsch schnauzt sie mich an, weil ich beim Transport ihre Frisur in Unordnung gebracht habe. Samson saust herbei wie ein Blitz und schmeißt sich so an sie heran, daß sie noch nicht einmal Zeit hat, ihr Make-up zu vollenden.

Sie ist mit dem Burschen spielend fertig geworden. Sie hat ihn uns zurechtgestutzt. Er hat eine Menge Federn lassen müssen. Die Käfigtür steht immer noch offen, nur er darf nicht mehr heraus. Er klingelt, läutet, pfeift und schnarrt nicht und erzählt auch keine hahnebüchenden Geschichten mehr. Da-

für redet Delila mit ihm, und laut und deutlich hören wir Samson antworten:
„Jawohl!"

Do it yourself

Ich bin ein praktisch veranlagter Mensch. Meine handwerklichen Fähigkeiten sind kaum zu unterbieten. Meine Treusorgende führt das auf meine Erbmasse zurück, die bei mir im nackten Zustand einhundertachtzig Pfund beträgt. Wenn ich werk- und kunstgerecht hantiere, so ist das sehenswert. Will ich eine Ölsardinenbüchse öffnen, läuft die ganze Familie zusammen, um sich dieses Schauspiel nicht entgehen zu lassen. Aber ich kenne alle Handwerker in unserer Stadt, und diese angesehenen Fachleute rühmen meine prompte Bezahlung ihrer Rechnungen. Selbst unserem Garten ist es anzusehen, daß ich für Gärtnerinnen eine gefühlvolle Hand habe. Mit der Hilfe dieser Spezialisten konnte ich bisher alle handwerklichen Probleme in unserem Haus lösen. Das hätte auch so bleiben können, wenn sich meine angeheiratete Arbeitgeberin nicht dagegen aufgelehnt hätte.
Für eine Ehefrau ist männliche Tätigkeit grundsätzlich gleichzusetzen mit Klopfen, Hämmern, Sägen, Ackern oder Bäumefällen. Alles Arbeiten, die sie kontrollieren kann. Ein denkender Mann ist ihr verdächtig, weil sie nicht erkennen kann, woran er denkt. Es mag sein, daß er eine Gleichung mit zwei

Unbekannten löst, aber sie weiß nicht, was das für Unbekannte sind. Sind sie blond oder braun? Sind sie jüngeren Datums? Oder sind sie ihr schon längere Zeit unbekannt? Solche Probleme können nicht auftreten, wenn er im Schweiße seines Angesichtes vor ihrem Angesicht arbeitet. Kein Wunder, daß ihr die Aufforderung an alle Männer: Do it yourself!, zu deutsch: Tue es selbst, und zwar zu Hause!, aus tiefster Seele gesprochen wurde.
Zur Zeit bemüht sich die Werbung, den Ehefrauen klarzumachen, wie glücklich Mann und Frau bei diesem heimischen Werkeln sein könnten. So konnte man in einer Fernsehwerbung von dreißig Sekunden Dauer folgendes sehen:
Sie schenkt ihm eine kleine, elektrische Bohrmaschine. Darüber gerät er vor Wonne, Glück und Dankbarkeit ganz aus dem Häuschen. Dann legt er los. Unter seinen Händen verwandelt sich der Elektrobohrer blitzartig in eine Drehbank, in eine Kreissäge und in eine automatische Hobelbank. Dann in eine Planierraupe, in eine Betonmischmaschine, in einen Preßlufthammer und in eine Baumsäge. Innerhalb von Sekunden hat der wonnetrunkene Ehemann mit dem Ding Bäume gefällt und in Bretter zerlegt, diese gehobelt, geschliffen, genutet und ineinander gefugt. Dann kann man eine komplette neue Schlafzimmereinrichtung bewundern. Es gibt keine Hobelspäne, Sägemehl oder sonstige lästige Nebenerscheinungen. Er muß sich noch nicht einmal die Hände waschen. Er legt nur den Bohrer aus der Hand, um Hand an sein Weib zu legen. Dann versinken beide vor Lust und Glück in das von ihm her-

gestellte Ehebett, wo ihm der verdiente Lohn und die Bewunderung seines Weibes zu Teil wird. Im Schlußbild beide in Großaufnahme. Sie wirft sich seelig in seine Arme und jubelt:
,,Er weiß was Frauen wünschen, er ist aus Erfahrung gut!"
oder einen ähnlichen Mumpitz mit psychologischem Tiefgang.
Auch meine für das heimische Bohren schwärmende Ehegesponsin stieß bei der Betrachtung dieses Bohrerglücks spitze Schreie aus. Dann wandte sich ihr Blick zu mir, und Trauer umflorte ihre Augen. Seither versucht sie, meine Lustgefühle dadurch anzufachen, indem sie mir Prospekte über besonders leistungsfähige Heimbohrer auf den Schreibtisch legt.
Den Abbildungen in einem dieser Prospekte konnte ich folgendes entnehmen:
Der Ausbau eines Dachgeschosses.
Bild 1: Bohrer in die rechte Hand nehmen und einschalten!
Bild 2: Der fix und fertig ausgebaute Dachboden!
Bild 3: Bohrer ausschalten und Kabel sorgfältig aufwickeln!
Mit einer solchen Heimwerkermaschine kann man alles herstellen. Vorausgesetzt, man vergißt nicht, sie einzuschalten. Wer wollte da noch abseits stehen? Meine eheliche Bohrbesessene jedenfalls nicht.
Eines Tages stand für mich ein riesiges Paket bereit. Zunächst hatte ich die Hoffnung, daß die Aufschrift ‚BBC' die Abkürzung wäre für ‚Besonders Bekömmlicher Cognac!' In dem Paket war jedoch ein Heimwerkerschrank. Ich machte einen Freuden-

sprung zur Tür, wurde aber von meiner ehelichen Arbeitgeberin zum Schrank zurückgeschleppt. Entsprechend ihren Anweisungen sollte ich zunächst einige einfachere Dinge herstellen. Eine Eckbank, einen fahrbaren Teewagen und einige Heizkörperverkleidungen. Danach könnte ich mit dem Bau eines Wochenendhauses beginnen. Meine Vorarbeiterin zerrte mich in unseren Keller. Dort hatte sie einen großen, hellen Kellerraum leergeräumt und sauber gemacht. Dieser wurde mir von ihr mit den Worten vorgestellt:
,,Dein Hobbyraum! Schaffe den Schrank hierher, bohre zwei Löcher in die Wand und hänge den Schrank daran auf! Alles Weitere wird sich finden."
Befehlsgemäß bohrte ich eine größere Auswahl von Löchern in die Wände. Obwohl ich dadurch zum Herrn über einhundertachtundvierzig Löcher wurde, paßten nur selten Loch, Dübel und Schraubhaken ineinander. Außerdem hatten die Löcher niemals einen solchen Abstand, daß ich den Schrank, so wie mir mein Weib befohlen hatte, daran hätte aufhängen können. Das nächste von mir vorgesehene Bohrloch lag unterhalb eines an der Wand vorhandenen schwarzen Kastens. Der Kasten störte nicht weiter, da der Heimwerkerschrank bequem darunter passen würde. In diesem Bohrloch stieß ich auf einen eingeschlossenen Blitz, der mir explosionsartig entgegenschlug. Wie vom Schlag getroffen, setzten bei mir Bohrer und Verstand aus. Die schreckensbleich herbeistürzende Familie fand uns in erstarrter Haltung. Die erste, die wieder zu sich

kam, war meine Arbeitgeberin. Sie raufte sich die Haare und brüllte wie ein Vorarbeiter:
,,Du Riesenroß! Du hast die elektrische Leitung getroffen!"
Lässig zog ich den Bohrer aus seinem Loch und mein Weib zur Verantwortung:
,,Welcher idiotische Handwerker hat ausgerechnet hier, wo ich bohren muß, eine elektrische Leitung gelegt?!"
Dadurch wurde meine glückliche Hausfrau auf die gelochten Wände aufmerksam. Überwältigt, setzte sie sich auf meinen Werkzeugschrank und betete voller Dankbarkeit:
,,Mein Gott, womit habe ich das verdient?"
Ich hatte mit einem einzigen Bohrloch unsere Familie ins Mittelalter zurückbefördert. Nichts funktionierte mehr. Kein Licht, kein Fernsehen, kein Elektroherd, kein Kühlschrank, keine Gefriertruhe. Nur noch das Telefon war in Betrieb. Wir merkten das daran, weil unsere Nachbarn anriefen und wissen wollten, ob wir auch keinen Strom hätten.
Der Elektrotrupp der städtischen Elektrizitätswerke, der in meinem Hobbyraum die Wand einriß, erklärte mir, daß die Ursache für den Stromausfall im Umspannwerk ausgelöst wurde. Dort seien einige Sicherungen herausgeflogen. Meinen Hobbyraum fanden sie sehr praktisch. Hier wären genügend Haken in den Wänden, an denen sie ihre Sachen aufhängen könnten. Dann tauschten wir handwerkliche Erfahrungen aus. Ich zeigte ihnen meine schönsten Bohrstellen, und sie zeigten mir, wo ich um Gottes willen nie mehr bohren sollte. Als der Trupp

abrückte, hinterließ er einen fürchterlichen Dreck und eine Rechnung über DM 2463,—, woran man erkennen kann, daß Handwerk immer noch einen goldenen Boden hat.

Meine handwerkliche Karriere wurde leider durch meine Werkleiterin abrupt abgebrochen. Meinen Heimwerkerschrank hat sie abgeschlossen und den Schlüssel an sich genommen. Außerdem bin ich fristlos entlassen, denn sie hat gesagt, bei ihr habe ich für immer ausgebohrt.
Darum, schöne Leserin, lassen Sie sich fragen, ob Sie einen gut erhaltenen, wenig gebrauchten Heimwerker, aus erster Ehe, mit einhundertachtzig Pfund handwerklicher Erbmasse und eigenem Bohrer brauchen können. Wenn ja, so schreiben Sie mir bitte, und zwar unter dem Stichwort: ‚Bohren und bohren lassen!'

Ist alles clear?

Hellwegs sind unsere Nachbarn. Er ist Sachbearbeiter in einem Großhandel und außerdem computergeschädigt. Deshalb wurde er von seinem Chef befördert. An die frische Luft. Hier seine Leidensgeschichte, so wie er sie mir unter dem Siegel der tiefsten Verschwiegenheit und dem Einfluß von schwerem Burgunderwein erzählt hat:

Unvermeidlich begann auch in unserer Firma das Computerzeitalter. Zunächst erschienen bei uns außerirdische Wesen. Sie entfalteten Programmzeichnungen, mit denen man die Bodenfläche einer Turnhalle hätte bedecken können. Mit ihren glasigen Schlitzaugen starrten sie tagelang auf die für mich unverständlichen Hieroglyphen. Dann installierten sie die Geräte, zogen Verbindungsleitungen und programmierten den Computer. Einer dieser außerirdischen Installateure brachte mir ein Fernsehgerät, das mit einer superflachen Schreibmaschinentastatur verkabelt war. Ich fragte ihn:
,,Und Sie glauben, daß alles klappen wird?"
Seine Glasaugen starrten mich an, seine Hände krallten sich in meine Oberarme, und er stammelte:
,,16 Bit-Struktur, 128 KB, 4 mal 13 MB, 52 Mio-Bytes!"

Darauf begannen seine Augen zu glühen, er setzte sich zu mir, packte als Frühstücksbrote zwei Magnetbänder aus und murmelte mit vollem Mund:
„Programmlader 8870/1, Modell 35, automatischer Re-Start, Nicos 4, Tamos, Basic-Interpreter, Ferndiagnose!"

Eines Tages waren die Außerirdischen nicht mehr da. Von nun an sollte ein neues, glückliches Arbeitsleben beginnen. Ohne Streß, ohne Kampf um Liefertermine, ohne Rückrufe beim Kunden, ohne Geschrei um Versandtermine. Wenn ein Kunde anrufen würde, sollte ich nur noch den Bildschirm einschalten und dem Computer sagen, was mein Kunde haben wolle. Der Computer würde alles andere erledigen. Mein Kunde würde dann noch schneller bedient, mein Chef würde noch mehr verdienen, und ich würde noch weniger Arbeit haben. So viele ‚würde' konnte ich alleine nicht ertragen, und darum rief ich meine Sekretärin:
„Sibylle!"
Sie erschien sofort. Die zwei Knöpfe, die ihre runde Bluse zusammenhielten, waren faszinierender als die vierundachtzig Knöpfe der neuen, superflachen Tastatur. Gemeinsam standen wir vor dem Bildschirm, auf dem sich in herrlichen, barocken Linien Sibylles verlockendes Brustbild spiegelte. Die Größe des Anblicks überwältigte mich:
„Sybille, ich möchte das Geheimnis dieser Knöpfe enthüllen!"
Sie lachte mich an und meinte:
„Aber erst unter Spannung setzen!"

Meine Hand zitterte. So wie mir, als ich auf die Taste ‚ON' drückte, mußte dem Mann zumute gewesen sein, der die Starttaste zum Abschuß der Mondrakete gedrückt hat. Sofort nach dem Befehl ‚ON' verfärbte sich der Bildschirm gelb. Entweder weil er aus Japan kam oder vor Neid, denn ich hatte meinen Arm schützend um Sibylle gelegt. Wie von Geisterhand erschien auf dem Bildschirm das Wort ‚CLEAR'.
Herrlich, alles war klar! Das las ich in unserer Firma zum erstenmal. Hier konnte, so dachte ich, nichts mehr schiefgehen.
,,Sibylle, diesen Augenblick sollten wir mit einer guten Tasse Kaffee begießen."
Sibylle setzte sich mit zwei stolzgeschwellten Knöpfen an ihrer Bluse vor die superflache Tastatur und schrieb:
‚BITTE ZWEI KAFFEE!'
Die Schrift verlöschte und unser Wunsch wurde sofort von den Außerirdischen bestätigt:
‚PROGRAMMEINGABE UNVOLLSTAENDIG'.
Sibylle sah mich fragend an, aber ich konnte es ihr erklären:
,,Sibylle, der Computer will wissen, ob mit Milch und Zucker."
Also schrieb Sibylle:
‚1 X MIT MILCH UND ZUCKER, 1 X SCHWARZ'.
Die Schrift verlöschte wieder, und es erschien die Aufforderung:
‚WAEHLEN SIE PROGRAMM CR'.
Sibylle blickte wieder fragend zu mir auf. Ich legte

meine Hand beruhigend auf ihre Schulter, und dann erklärte ich ihr die Bedeutung dieses Codes:
,,Das kommt aus dem Englischen. Es ist die Abkürzung für ‚Coffee-rest', zu deutsch, ‚Kaffee-Pause'."
Sibylle bediente die CR-Taste, und sofort kam die Bestätigung:
‚CLEAR'.
Beim nächstenmal hätten wir Tee bestellt, aus Verbundenheit mit Japan.
Telefon! Mein Kunde Seeligmann war am Apparat.
,,Ich brauche sofort dreißig Ölzeughosen, rosa!"
,,Augenblick, Herr Seeligmann, ich frage meinen Computer."
,,Aber rasch! Das Gespräch kostet Geld!"
Also rasch. Zunächst mußte ich die Kundennummer aus dem alphabetischen Kundenverzeichnis heraussuchen. Unter dem Buchstaben S, darunter Seeligmann & Co. Endlich hatte ich die Kundennummer gefunden, Nr. 2.709.704. Dann den Artikelkatalog. Daraus die Artikelnummer für Ölzeughosen in rosa. Seite 354. Es war die Nummer B-1201. Früher, zur computerlosen Zeit, hatte ich diese Angaben immer erst nach dem Kundenanruf herausgesucht. Wenn es jetzt mit dem Computer genauso schnell gehen sollte wie früher, dann hätte ich diese Informationen von nun an vor jedem Kundenanruf bekommen müssen. Mein Kunde war Gott sei Dank noch am Apparat, aber er war bereits leicht ungeduldig:
,,Herr Seeligmann, sind Sie noch da? Nur noch einen kleinen Augenblick, jetzt kann ich die Daten in den Computer eingeben."
,,Mann, sind Sie wahnsinnig? Was haben Sie die

ganze Zeit gemacht? Haben Sie inzwischen die Hosen eingepackt?"
„Bitte, Herr Seeligmann, einen Augenblick, mein Computer. . ."
„Ich pfeife auf Ihren Computer! Ich will Ölzeughosen! Dreißig Stück! Standardgröße! Und zwar heute noch! Haben Sie mich verstanden? Wenn Sie nicht innerhalb von zehn Minuten zurückrufen und den Versand bestätigen, dann sind das für Sie Windhosen! Und grüßen Sie Ihren Computer!"
Verdammte Brüllerei, wie sollte ich mich dabei auf meinen Computer konzentrieren? Jetzt die Programmeingabe:
‚NN STATUS NR 2.709.704 NR B-1201 STÜCK 30'.
Sofort kam auf dem Bildschirm die Antwort:

MENGENEINHEIT:	STÜCK
LAGERBESTAND:	1
WIEDERBESCH. ZEIT:	50 TAGE
VK-PREIS:	60,00
PREISEINHEIT:	1

Was sollte das? Nur eine einzige Hose am Lager? Wiederbeschaffung in fünfzig Tagen? Der Seeligmann würde einen Anfall bekommen. War der Computer verrückt? Sollte ich meinen besten Kunden verlieren? Hatte man dafür Worte? Dieser Computer hatte ein Gefühl für Kunden wie ein Politiker für Bürger. Wozu hatte ich ihm die Kundennummer genannt? Angeblich soll doch so ein Elektronengehirn alles wissen. Dann hätte es auch wissen müssen, welchen Umsatz wir mit Seeligmann machen.

Auf den Computer konnte ich keine Rücksicht mehr nehmen. Jetzt mußte ich handeln, um den Kunden zufrieden zu stellen. Deshalb rief ich Sibylle:
,,Sibylle, rufen Sie den Lagerleiter Mutzke an. Sagen Sie ihm, ich will dreißig Hosen für Seeligmann, oder ich verfüttere ihn an den Computer!"
Sibylle telefonierte. Das Ergebnis war niederschmetternd.

,,Mutzke sagte, er säße auf seiner letzten Hose. Er hätte gestern siebzig Hosen für die Bender GmbH zur Versandabteilung gegeben. Wenn wir Glück hätten, wären sie noch dort."
,,Sibylle, rufen Sie den Heinemann vom Versand an, er soll dem Bender nur vierzig Hosen schicken."
Auch dieses Telefonat brachte keine Lösung.
,,Der Heinemann vom Versand sagt, daß er die Lieferung an Bender nicht mehr verändern kann. Alle siebzig Hosen seien bereits aus dem Computer raus und dem Bender belastet."
,,Sibylle, wie bringt man dreißig Hosen von dem Bender runter und wieder in diesen Computer rein, damit der Seeligmann nicht aus der Hose fährt?"
,,Geht nicht! Nur wenn der Bender dreißig Hosen zurückschickt, kommen sie über den Wareneingang wieder in den Bestand zurück. Aber wir könnten den Bender anrufen, er soll dreißig Hosen an Seeligmann liefern."
,,Sind wir ein Vermittlungsbüro?"
,,Telefon! Seeligmann, für Sie!"
,,Oh, mein Gott!"
,,Wenn ich Ihr Gott wäre, würde ich Sie in einen Maulesel verwandeln! Bekomme ich meine Hosen?

Sonst kriegen Sie es mit dem Teufel zu tun!"
„Sie erhalten Ihre Hosen. Heute. Per Expreß!"
„Ihr Glück! Übrigens, was macht Ihr Computer?"
„Sich in die Hosen! Auf Wiederhören!"
Was sollte ich tun? Ich mußte mich entscheiden.
Um den Kunden nicht zu verlieren, nahm ich den
Kampf mit dem Computer auf:
„Sibylle!!!"
„Hier ist Ihr Kaffee."
„Sibylle, gehen Sie zum Versand. Erzählen Sie dem
Heinemann, daß unser Vertreter dreißig Hosen direkt zu Bender bringen würde. Sie aber bringen die
Hosen zum Expreß, damit sie der Seeligmann morgen zugestellt bekommt."
„Gut, aber der Bender wird sich beim Chef beschweren, weil ihm dreißig Hosen zuviel berechnet
wurden. Der Chef wird den Mutzke vom Lager zusammenstauchen. Der Mutzke wird dem Heinemann vom Versand an den Kragen gehen. Der Heinemann wird Ihnen die Meinung sagen. Sie werden
mit der Buchhaltung reden müssen. Die Buchhaltung wird das dem Computer erklären. Dann bekommt der Bender eine Gutschrift und Seeligmann
eine Rechnung. Das Ganze nennt man Betriebscomputerklima. Bis später."
Weg war sie. Ich war mit meinem Computer allein.
Aber dem wollte ich es geben. So sollte der mir nicht
davon kommen. Darum habe ich es ihm in sein
Elektronengehirn hineingehämmert:
‚NR 2.709.704 B-1201 MERKE DIR, DU ELEKTRONISCHER IDIOT, UND DAS 1000 MAL,
WENN SEELIGMANN 30 HOSEN IN ROSA HA-

BEN WILL, DANN HAT ER SIE AUCH ZU BEKOMMEN! HAST DU DAEMEL DAS KAPIERT?'
Verläßlich, wie dieser Computer war, bekam ich sofort die Antwort:
‚CLEAR'.
Das dürfte reichen. Jetzt konnte ich meinen kalten Kaffee trinken.
Sibylle kam von ihrem Botengang zurück:
,,So, die Hosen sind unterwegs."
Sibylle lachte und strahlte mich an, wobei die Knöpfe an ihrer Bluse eine Meisterleistung vollbrachten.
,,Übrigens, Sie sollen zum Chef kommen. Er hätte sich auf seinem Bildschirm den heutigen Auftragseingang angesehen, und er gratuliert Ihnen zu Ihrem Auftrag von Seeligmann."
,,Quatsch, von den dreißig Hosen, die wir Bender geklaut haben, kann er doch noch gar nichts wissen."
,,Wer spricht hier von dreißig? Er möchte von ihnen wissen, wofür der Seeligmann tausend mal dreißig, also dreißigtausend Ölzeughosen braucht und die auch noch alle in rosa!"
,,Ach, du lieber Himmel!"
,,Ist Ihnen nicht gut? Ist irgend etwas nicht clear?"

Danach schwieg Hellweg lange. Dann zog er das Fazit aus seiner elektronischen Lebenserfahrung:
,,Wenn ein Chef seinen Betrieb ruinieren will, dann stehen ihm dazu drei Methoden zur Verfügung. Eine schöne, eine schnelle und eine sichere Methode."
Erstaunt wollte ich wissen:

,,Eine schöne Methode, um seine Firma zu ruinieren? Gibt es das?"
,,Ja, mit Frauen! Das ist zwar ruinös, aber schön!"
Und welche Methode ist die schnellste?"
,,Das Glücksspiel. Damit schafft man das an einem Abend!"
,,Und womit geht es am sichersten?"
,,Mit einem Computer!"

Das schwache Geschlecht

Ich bin ein Mann von großem Wagemut und großer Kühnheit. In meiner Person vereinigen sich Edelmut und Tapferkeit. Man erkennt das daran, daß ich vor meiner Frau großen Respekt habe, dagegen den Teufel nicht fürchte. Wie aber soll ich Gegner bekämpfen, die unsichtbar sind? Von denen drei Millionen auf einen Meter passen. Widerliche, unsichtbare Killer, die sich zu Milliarden unbemerkt in meinen Körper schleichen, um mich von innen auszuhöhlen und aufzufressen.

Einem solchen Frontalangriff aller möglichen Viren war ich ausgesetzt. In meinem Körper wimmelte es von diesen mörderischen Bestien wie von Immen in einem Bienenstock. Hundert verschiedene Arten von Killerviren waren über mich hergefallen. Ich wurde geschüttelt vom Gelbfieber, den Masern, den Röteln und den Windpocken, vom Fleckfieber, der Tollwut, der Malaria, der Cholera, dem Keuchhusten und der Grippe. In diesem Zustand kam ich, halb bewußtlos, zu Hause an und brach in den Armen meines treusorgenden Weibes zusammen. Diese erbleichte bis unter die vierte Schicht ihres Make-ups und schrie auf:

„Schätzchen, was ist mit dir?"

Mannhaft überwandt ich meinen Schwächeanfall, bäumte mich noch einmal gegen mein Schicksal auf, klapperte mit den Zähnen einen Kastagnettenwirbel und röchelte:
„Es ist aus! L-Lasse alle Ärzte, d-die K-Krankenkasse, d-den Pf-Pfarrer und d-den N-Notar k-kommen!"
Entsetzt stürzte meine restliche Familie herbei. Dann stolperte ich, gestützt von einer Oma, zwei Kindern und meiner vermutlichen Witwe, die Treppe hinauf. Unter dem Klagegeschrei aller Beteiligten wankte ich ins eheliche Schlafgemach. Dort konnte ich gerade noch zu meinem Bett torkeln und brach dann infolge meiner Schwäche zusammen. Mein Weib befühlte meine Stirn, verbrannte sich die Finger und jammerte:
„Mein Gott, Schätzchen, du hast ja Fieber!"
Fieber? Welch ein lächerliches Wort für meinen Zustand. Mein Kopf schien zu zerplatzen, und ich glühte wie ein Hochofen. Zu Tränen gerührt, versuchte mein entnervtes Weib mich zu entkleiden, doch durch den Schüttelfrost entglitt ich immer wieder ihren Händen. Die an mir vorgenommene Temperaturmessung ließ das Schlimmste befürchten. Bereits unter meiner Zunge waren es achtunddreißig Grad im Schatten. Da man an vier verschiedenen Stellen des Körpers die Temperatur messen kann, strahlte ich eine Hitze von einhundertzweiundfünfzig Grad aus. Nur meine Füße nicht. Die waren erfroren.
In fliegender Hast traf mein Weib die dringendsten Maßnahmen. Die von ihr eiligst herbeigeschaffte

Wärmeflasche konnte meine Füße nur geringfügig auftauen. Dagegen verdampfte das Eis, mit dem sie meine Stirn kühlte, mit lautem Zischen. Mit verlöschender Stimme bat ich sie, in dieser meiner schwersten Stunde meine Hand zu halten. Ihre tröstenden Worte drangen nur schwach an mein Ohr. Die Angriffswellen der Viren durchfluteten meinen Körper wie der Glühwein, den mir mein vom Schicksal schwer getroffenes Weib zwischen die klappernden Zähne träufelte. Mein Atem flog. Mein Weib auch, um schwere Medikamente, Stapel von Asperin und Stöße von Vitamin C herbeizuschaffen. Mit meiner letzten Kraft lehnte ich mich gegen den Vernichtungskampf der Myriaden von Viren auf. Die ungeheure Anstrengung ließ mich so in Schweiß geraten, daß er mir in Strömen vom Körper floß. Er vermengte sich mit dem Angstschweiß meiner Treusorgenden, die in ihrer Panik ausrief:
,,Schätzchen, du schwitzt ja!"
Dann wallten Nebel vor meinen Augen, und ich versank in tiefe Bewußlosigkeit.
Als ich am nächsten Morgen erwachte, hatte ich diesen heroischen Kampf gewonnen. Mein unbeugsamer Wille und meine starke Konstitution hatten die Viren besiegt. Noch immer saß mein treusorgendes Eheweib auf dem Bettrand und hielt meine Hand. Der Stolz auf ihren tapferen Gemahl leuchtete aus ihren Augen und klang aus ihrer Stimme, als sie jubelte:

,,Na, siehst du Schätzchen, du hast es geschafft. Nur geschnarcht hast du wie ein Walroß!"
Obwohl ich von dieser Entscheidungsschlacht ums

nackte Überleben noch sehr geschwächt war, stand ich auf, wenn auch mit schlotternden Knien, und stellte mich wieder dem Daseinskampf in meiner Familie.
Am nächsten Tag kam mir meine Treusorgende verändert vor.
,,Nun sag bloß, wie siehst du denn aus? Richtig käsig! Meinst du nicht, du solltest etwas mehr auf dein Aussehen achten? Wie kann man denn nur so herumlaufen?"
,,Ich glaube, ich habe die Grippe!"
,,Da bist du selbst schuld! Weil du immer so eitel bist! Ziehe dich gefälligst wärmer an. Das hast du nun davon. Aber Hoffart muß Pein leiden. Reiße dich zusammen, und bringe mir mein Abendessen und mein Bier!"
,,Ich friere, richtiger Schüttelfrost!"
,,Na klar, wenn man sich so dünn anzieht. Kein Wunder! Ziehe dir einen Pullover an, dann wird dir wärmer, und höre bitte auf, so laut mit den Zähnen zu klappern, man kann ja den Nachrichtensprecher kaum verstehen!"
,,Sicherlich habe ich Fieber!"
,,Das ist doch kein Grund zur Aufregung. Nimm eine Tablette und ein kaltes Bad, das treibt das Fieber runter!"
,,Wenn ich nur nicht so fürchterliche Kopfschmerzen hätte!"
,,Also, was denn noch? Hörst du von mir den geringsten Ton, wenn ich Kopfschmerzen habe? Du bist empfindlich wie eine Mimose. Trinke nicht so viel Kaffee, dann bekommst du auch keine Kopfschmerzen!"

„Ich muß ins Bett!"
„Sag einmal, wie denkst du dir das? Wer soll sich denn um den Haushalt kümmern? Soll ich das vielleicht auch noch machen?"

Diese Frauen! Keine Widerstandskraft! Eine einzige kleine Bazille genügt, um sie außer Betrieb zu setzen. Dann wälzen sie sich die ganze Nacht im Bett hin und her, husten und keuchen, daß man alle paar Minuten aus dem Schlaf gerissen wird. Dabei ist gerade ein geistig schaffender Mann auf seinen gesunden Schlaf angewiesen. Aber welche Frau nimmt schon Rücksicht auf ihren Mann?! Fürchterlich, wie sich Frauen beim kleinsten Wehwehchen anstellen können. Kein Mann würde sich so gehen lassen!

Non olet

Der Staat läßt keine Möglichkeit ungenutzt, um an Geld zu kommen. Das ist nicht erst heute so. Schon Kaiser Vespasian (69-79 n. Chr.) scheute sich nicht, Steuern auf die Bedürfnisanstalten zu erheben. Die Toilettensteuer. Von seinem Sohn Titus in vorwurfsvollem Ton darauf angesprochen, hielt der Kaiser seinem Sohn Geld aus jener Urinsteuer unter die Nase und fragte ihn, ob es rieche. Worauf der Sohn sagte:
,,Non olet!" (Es stinkt nicht!)
Unser heutiger Staat hat einen noch größeren Geldbedarf als Kaiser Vespasian. Er besteuert eine Dienstleistung, die der damalige Kaiser zwar in Anspruch genommen, aber nie besteuert hat. Ich meine damit die Dienstleistungen der Damen des horizontalen oder des ältesten Gewerbes. Während Kaiser Vespasian dieses Gewerbe subventionierte, erheben unsere Staatslenker von diesen Damen Einkommensteuer.

Das hat mir einerseits die Sprache verschlagen, andererseits aber meine Phantasie angeregt. Ich habe mich ernsthaft gefragt, wie das vor sich gehen mag. Müssen diese Damen eine Beischlafsteuererklärung abgeben? Wie mögen sie ihre Einnahmen verbu-

chen? Und wie und nach welcher Methode werden ihre Einkünfte überprüft? Müssen die Adressen der Geschäftspartner erfaßt werden? Oder wird hier schwarz gearbeitet und das auch noch des Nachts? Wird diese Schwarzarbeit bestraft? Gibt es für diese Damen eine Arbeitslosenversicherung? Oder Kurzarbeitergeld?
Also ging ich zum Finanzamt, um Näheres zu erfahren. Der Pförtner, von mir nach dem rechten Weg befragt, verwies mich an das Beischlafsteuerdezernat. Dort wurde ich sehr freundlich empfangen, woraus man ersieht, daß guter Umgang sich vorteilhaft auswirkt. Ein Beischlafsteuerinspektor, mit Namen Beutelschneider, hatte Verständnis dafür, daß ich aufgeklärt werden wollte. Er gab mir bereitwillig Auskunft.
,,Herr Beutelschneider, was hat sich eigentlich der Staat dabei gedacht, als er diese Liebessteuer einführte?"
,,Soweit ich den Herrn Finanzminister verstanden habe, meinte er, den Seinen gibt es der Herr im Beischlaf."
,,Haben sich denn während der Bearbeitung dieser Damen für Ihre Beamten Schwierigkeiten ergeben?"
,,Nein, unsere Beamten sind an diese Damen mit der lobenswerten Einstellung herangegangen, daß vor dem Steuergesetz alle Menschen gleich sind."
,,Und, waren die Damen alle gleich?"
,,Wir mußten die Tatsache akzeptieren, daß es gewichtige Unterschiede gab."
,,Wie haben die Damen die Einführung der Beischlafsteuer aufgenommen?"

„Die meisten reagierten mit alternativen Vorschlägen."
„Ergaben sich bei der Eintreibung der Beischlafsteuerabgaben Probleme?"
„Unsere Beamten beklagten das Fehlen jeglicher Buchhaltung."
„Und das im Zeitalter des Computers?"
„Die elektronische Bearbeitung der Kundennummern wurde von den Damen strikt abgelehnt. Sie meinten, bei ihnen könnte nur die doppelte Buchhaltung fröhliche Urstände feiern."
„Nach welcher Berechnungsgrundlage gehen Sie vor?"
„Gemäß der Beischlafsteuerverordnung nehmen wir den reinen Ertrag zum Maßstab."
„Haben die Damen das akzeptiert?"
„Nein, das würde bei ihnen Beischlafstörungen verursachen."
„Und warum?"
„Weil bei ihnen gleiche Ergebnisse oft ganz unterschiedliche Aufwendungen verursachen."
„Welche Kosten können die Damen von der Steuer absetzen?"
„Da die Beischlafsteuererklärung sehr kompliziert ist, können sie sich einen Beischlafsteuerberater engagieren."
„Nehmen die Damen diese Möglichkeit wahr?"
„Bei der Höhe der Beischlafsteuer können sie den Beischlafsteuerberater nur mit bargeldlosem Verkehr bezahlen. Es ist noch nicht geklärt, ob diese Zuwendung von der Beischlafsteuer abgesetzt werden kann."

„Wann ist mit einer Klärung zu rechnen?"
„Zur Zeit wogt das noch hin und her. Unsere Beamten sind dabei, sich die Dinge von allen Seiten anzusehen. Natürlich sind sie bemüht, eine friedliche Vereinigung zu erreichen."
„Wie formulieren denn die Damen ihre Forderungen?"
„Die Damen verlangen, daß die Beischlafsteuerbemessungsgrundlagen so abgefaßt würden daß keine der beiden Parteien unterliegt."
„Hat es Streit mit ihren Beamten gegeben?"
„Nein, die Damen haben unsere Beamten fairerweise nur als ausführende Organe betrachtet."
„Verlangen Sie von Ihren Beamten besondere Befähigungen?"
„Unsere Beamten müssen sehr viel Einfühlungsvermögen besitzen, damit sie Verständnis für die Stellungen der Damen haben."
„Haben Sie es mit unterschiedlichen Größenordnungen zu tun?"
„Natürlich müssen wir zwischen einer oberen und einer unteren Schicht unterscheiden."
„Schenken Sie einer bestimmten Schicht mehr Aufmerksamkeit?"
„Nein, im Gegensatz zum sonstigen Klassenkampf sind hier beide Schichten im besten Einvernehmen wirksam, um für unseren Staat Steuern zu erarbeiten."
„Wie gedenken Sie, die Richtigkeit der Beischlafsteuererklärungen zu überprüfen?"
„Das ist leider nicht möglich. Die Einnahmen können unsere Beamten nur schätzen."

„Liegen diese mit ihren Schätzungen richtig?"
„Doch, das kann man sagen, unsere Beamten liegen richtig."
„Gibt es keine andere Lösung?"
„Es kann sein, daß die Damen von der Beischlafsteuer befreit und zur Verkehrssteuer veranlagt werden."
„Verwenden Sie diese Steuergelder für ganz bestimmte Zwecke?"
„Nein. Non olet!"

Der ungleichberechtigte Mann

Durch die Gleichberechtigung der Frau wurde der Mann dazu verdammt, Frauen so zu behandeln, als seien sie Männer. Seither hat sich seine Kontaktaufnahme zu einer Frau nur auf den Austausch von Gedanken zu beschränken. Die Frauen dagegen brauchten ihr Verhältnis zum männlichen Geschlecht nicht zu verändern. Daran kann man den tieferen Sinn der Gleichberechtigung erkennen, denn diese kann nur von Männern praktiziert werden.

Meine Treusorgende beruhigt es ungemein, daß ich mich mit anderen Frauen nur noch über die Zwölftonmusik, über die wirtschaftlichen Auswirkungen des Zen-Buddhismus oder ähnliche geschlechtsneutrale Themen unterhalten darf. Sie aber kann, wenn sich die Herren allzu schüchtern zurückhalten sollten, im Zuge der Gleichberechtigung selbst das Gespräch eröffnen. Als männerüberzeugendes Thema trägt sie das hautenge Cocktailkleid mit dem tiefen Ausschnitt.

Diese Gleichberechtigung gab auch meinem von mir geknechteten Weibe das Recht, mir, bevor wir zu einer Abendgesellschaft gingen, klare Verhaltensregeln zu erteilen:

„Spiele bloß nicht wieder den Hahn im Korb! Ein moderner, gleichberechtigter Mann plustert sich nicht auf wie ein Auerhahn! Und laß gefälligst deine anzüglichen Scherze und zweideutigen Witze! Benimm dich wie ein gebildeter Mann. Merke dir, im Zeitalter der Emanzipation schielt man den Damen nicht mehr in den Ausschnitt! So, nun hilf mir in den Mantel, wir wollen gehen."
Ich half ihr trotz Gleichberechtigung in den Mantel. Dabei richtete ich meine Augen zum Himmel, um ihr nicht in den unübersehbaren Ausschnitt zu schielen. Ich nahm mir fest vor, die anwesenden Damen als menschliche Wesen meiner Art mit hochentwickeltem Denkvermögen und klaren Ansichten über die Probleme unserer Zeit zu behandeln.

Als wir eintrafen, war die Party bereits in vollem Gange. Mein unterjochtes Weib sah in ihrem hautengen Cocktailkleid mit dem gewagten Ausschnitt und in ihren hochhackigen, goldenen Schuhen ausnehmend intelligent aus. Deshalb wurde sie sofort von mehreren Wissenschaftlern umringt, vermutlich Dermatologen. Plötzlich stand ich mit meinem Glas in der Hand neben einer üppigen Blondine. Als gleichberechtigtes Geschöpf eröffnete sie das Gespräch. Sicherlich hatte sie in mir sofort den gleichberechtigten und geistig hochstehenden Gesprächspartner erkannt. Sie kam auf ein bevölkerungspolitisches Problem zu sprechen:
„Menge Leute, wa?"
Ich nickte verständnisvoll, riß aber sofort meinen Kopf wieder hoch, denn ihr Kleid hatte einen V-Ausschnitt, und mein Blick war unbeabsichtigt in

unergründliche Tiefen verschwunden. Rasch brachte ich meine alte, überholte, männliche Phantasie wieder unter Kontrolle. Ich wollte in ihr den gleichberechtigten Mann sehen. Und wahrhaftig, noch nie hatte ich einen Mann mit einem solchen Busen gesehen. Ihre Augen sahen mich erwartungsvoll an. Ich wußte, jetzt wird von mir Geist erwartet. In männlicher Kameradschaft legte ich meinen Arm um ihre Schultern und flüsterte ihr ins Ohr:
,,Aber das intellektuelle Niveau ist nicht besonders."
Sie verstand mich sofort und antwortete:
,,Dett kommt von die dicke Luft! Bessa wir kippen noch'nen Drink, wa? Zwee sind immer bessa dran als eener, klar wa?"
Als sie sich herumdrehte, um volle Gläser zu besorgen, riß es mir fast die Kiefern aus den Angeln. Sie hatte hinten auch einen V-Ausschnitt. Ich mobilisierte alle meine emanzipierten Energien, um mich nicht mit der Frage zu beschäftigen, wo die Spitzen der beiden V wohl zusammenlaufen würden. Schnell nahm ich, um mich abzulenken, den Gedankenaustausch wieder auf:
,,Ja, man kann alles von zwei Seiten betrachten. Dabei kommt es immer auf den Standpunkt an. Weshalb Einigung oft nur möglich ist, wenn man eine gemeinsame Ausgangsposition einnimmt."
,,Werden wir beede nehmen, keene Bange, wäre doch jelacht, wa? Ick hole nur schnell meenen Mantel."
Blitzartig benutzte ich die Gelegenheit zur Flucht. Irgendwie haben Frauen und Männer eine unter-

schiedliche Ansicht über die Gleichberechtigung. Ich als Mann sage mir, die Frauen sind heutzutage den Männern gleichberechtigt, also behandle sie entsprechend. Sie haben Verstand, stelle fest, was sie denken, suche die Begegnung mit ihnen auf der geistigen Ebene. Aber, was verstehen die Frauen unter der Gleichberechtigung? Wollen sie jetzt die Freiheiten genießen, die bisher nur den Männern vorbehalten waren? Das ist doch unlogisch, diese Freiheiten hätten ohne Beteiligung der Damen nicht stattfinden können. Eher glaube ich, daß die Damen es satt hatten, immer warten zu müssen, bis ein Mann die Initiative ergriff, und selbst wenn er das tat, dann mußten sie wieder warten, nämlich auf die seltenen Augenblicke seiner Initialzündung. Jetzt wollen sie nicht mehr warten. Jetzt wollen sie selbst auf die Zündung drücken.

An einem der kleinen Tische saß eine junge Dame. Genau das Gegenteil der soeben von mir verlassenen Blondine. Sie war schlank, fast hager, trug eine Brille und hatte einen Haarknoten. Mit Sicherheit ein intelligentes Mädchen. Anscheinend aber trotz Gleichberechtigung von den Männern unbeachtet. Ein einsamer Kumpel. Kameradschaftlich lächelnd, setzte ich mich zu ihr und eröffnete die Konversation:

,,Wenn man die jungen Leute hier sieht, dann weiß man, was dabei herauskommt, wenn die Eltern ihre Kinder antiautoritär erziehen."

Sie sah mich mit ihren klugen Augen durch ihre Brille lange an, bevor sie antwortete:

,,Sag mal, Opa, has'te Komplexe?"

Der Opa verschlug mir die Sprache. Was dachte sich diese Göre eigentlich? Dabei war ich doch lediglich bereits etwas länger jung als sie. Und ich als emanzipierter Mann soll Komplexe haben? Ich versuchte ihr das auf der geistigen Ebene klarzumachen:
„Schon der experimentelle Psychomonismus lehnt es ab, die Gefühle der Menschen als Komplexe zu bezeichnen!"
„Also, was ist denn nun, Opa? Wills'te mich anmachen? Oder wills'te hier 'ne Dichterlesung abhalten?"

Ich empfahl mich schnellstens. Allmählich bekam ich von dieser Gleichberechtigung tatsächlich Komplexe. Diese Gleichberechtigung ist wirklich eine ernste Herausforderung an den Mann. Ich besorgte mir einen dreistöckigen Cognac, um mich zu stärken, als neben mir eine Stimme sagte:
„Na, junger Mann, den Kummer runterspülen?"
Neben mir stand eine elegante, reife Dame in einem langen, schwarzen Abendkleid. Ihre herrlichen, dunklen Augen strahlten Verständnis aus. Verständnis für einen Mann in Nöten, der des Zuspruchs und des geistigen Trostes bedurfte. Ich antwortete wahrheitsgemäß:
„Verzeihen Sie mir, gnädige Frau, aber die moderne Auffassung über die Gleichberechtigung bereitet mir Kopfzerbrechen."
„Das kann ich gut verstehen", lachte sie, „früher mußten sich die Frauen den Kopf zerbrechen."
„Das verstehe ich nicht."
„Sehen Sie, junger Mann, wenn früher ein Mann mit einer Frau zusammen war, dann hatte die Frau

anschließend einige Wochen Kopfzerbrechen, bis sie wußte, wie es um sie stand."
„Ich verstehe immer noch nicht."
„Heute haben wir die Gleichberechtigung. Mit anderen Worten, die Pille!"
„Na, und?"
„Jetzt hat der Mann die Kopfschmerzen, denn er weiß ja nicht, ob sie die Pille genommen hat. Selbst, wenn sie ihm sagt, sie hätte es getan, wie will er wissen, ob das stimmt?"
„Aber, das meine ich doch gar nicht."
„Warten Sie es ab. Früher lief der Mann der Frau nach. Sie aber mußte vor ihm fliehen. Nur an einigen, wenigen Tagen, die sie sorgfältig errechnen mußte, durfte sie sich von ihm einholen lassen. Sonst war es passiert. Das gab den Männern das Gefühl der Überlegenheit. Sie wurden ja meistens gar nicht gefordert, sie brauchten nur so zu tun!"
„Und heute?"
„Heute, im Zeitalter der Pille, kann die Frau es sich leisten, selbst hinter dem Mann herzulaufen!"
„Und der Mann?"
„Jetzt rennt er davon, als gälte es sein Leben!"
„Was soll man als Mann auch sonst tun?"
„Sie brauchen eine verständnisvolle, reife Frau. Eine, die Sie nicht überfordert, sondern verwöhnt. Die Sie auf Händen trägt und vor den anderen Frauen beschützt. Eine Frau wie mich!"

Ich kippte meinen Cognac und rannte um mein Leben. Direkt in die schützenden Arme meines unterdrückten Weibes.
„Hilf mir", keuchte ich, „ich werde verfolgt!"

„Aber, Schätzchen, von wem denn?"
„Von den gleichberechtigten Frauen!"
„Du Ärmster, komm bleibe in meiner Nähe, ich werde dich vor diesem zudringlichen Geschlecht bewahren. Es soll dir keine zu nahe kommen."
Ich hielt mich eng an meinen ehelichen Begleitschutz und sah mich ängstlich um:
„Sind denn die Frauen, seitdem sie die Pille haben, plötzlich verrückt geworden?"
„Aber nein, Schätzchen, verrückt sind nur die Männer!"
„Wieso?"
„Weil ihr die Pille für die Frau erfunden habt. Ihr hättet die Pille für den Mann erfinden sollen!"

Blauer Qualm

Es gibt bekanntlich zwei verschiedene Sorten von Menschen, wovon sich jeweils die eine der anderen überlegen fühlt. Wo immer sich diese beiden entgegengesetzten Menschentypen begegnen, bekämpfen sie sich. Das ist ein Kampf, der sich nicht nur in der Öffentlichkeit abspielt, sondern sich bis in die Familien hinein auswirkt. Diese beiden Klassen können ohne einander nicht leben, lieben oder arbeiten, trotzdem können sie nicht miteinander auskommen. Obwohl sie aufeinander angewiesen sind, trennen sie Welten. Die Raucher und die Nichtraucher!
Die einen lutschen Bonbons, ihre Kleidung riecht nach Kölnisch-Wasser, und der Odem ihrer Münder ist rein und klar wie ein Bergsee. Sie wissen nicht, wie man eine Zigarette zwischen den Fingern hält, doch sie verachten die Schwächlinge, die diese rauchen. Die Zigaretten, nicht die Finger.
Für die anderen ist das Rauchen ein schwereloser Genuß. Eine Bremse gegen die Unrast unserer rastlosen Welt. Der blaue Dunst läßt sie die Unbill und die Plagen des Daseins vergessen, er ist ihnen Tröster und Sorgenbrecher zugleich.
Um Streitigkeiten zwischen Rauchern und Nichtrauchern zu vermeiden, trennt man diese unter-

schiedlichen Weltanschauungen, wo immer es geht. In der Eisenbahn, in den Gaststätten, in den Flugzeugen, überall weisen Schilder die Raucher und die Nichtraucher in entgegengesetzte Richtungen. Was geschieht aber dort, wo diese Gegensätze ungehindert aufeinanderprallen?
Meine Treusorgende haßt Tabakgeruch und verachtet die Raucher. Findet sie auch nur einen Zigarettenstummel im Aschenbecher, reißt sie die Fenster auf und wäscht die Gardinen. Mit ihrer Abneigung gegen das Rauchen hat sie längst die Kinder angesteckt, die die Nase rümpfen und mir sagen, daß sie mich schon von weitem röchen, obwohl sie mich nicht mehr riechen könnten. Ich gäbe meiner Familie ja recht, wenn ich eine Zigarette nach der anderen paffen würde. Aber nichts dergleichen. Erst nach dem Mittagessen, stopfe ich mir die erste Pfeife, und jedesmal bekomme ich die gleiche Gardinenpredigt zu hören:
„Rennst du schon wieder mit diesem Stinkstiebel herum? Nicht nur, daß du dich damit umbringst, nein, was noch schlimmer ist, du ruinierst mir auch noch die Gardinen!"
Darum rauche ich nicht mehr im Haus. Noch nicht einmal auf dem Clo. Der einzige Ort, wo ich von Vorwürfen nicht erreicht werde, ist der Komposthaufen am äußersten Ende unseres Gartens. Dort finden Sie mich. Nachmittags, ab fünfzehn Uhr. Im Sommer.
Jetzt aber ist Winter. Was soll ich machen? Mir bleibt nur noch die Freiheit zum Verzicht. Also wird von heute an nicht mehr geraucht! Es ist eine reine

Sache des Willens. Erbärmlich die Schwächlinge, die nicht im Stande sind, solches zu tun. Ich will schreiben, aber mir fällt nichts ein. Mir fehlen die blauen Wölkchen, denen ich träumend nachblicken kann und die dann in meiner Phantasie zu Bildern und Gestalten werden. Ich nehme ein philosophisches Buch zur Hand und lese:
‚Pfeif' auf alle irdischen Freuden (also auf das Pfeiferauchen), verstopfe alle Quellen der Lustbarkeit (also die Tabakpfeife), sie sind Quellen des Schmerzes (dieser Idiot hat vom Pfeiferauchen keine Ahnung), töte deine Leidenschaften und freue dich des Sieges (über wen oder was?), denn nun hast du nur noch reines, klares Wasser in den Adern (also kein Nikotin) und nichts mehr, was dich trunken macht (dabei wollte ich rauchen und nicht saufen), freue dich!'
Ich warte auf die verheißene Freude. Nichts! Dagegen komme ich mir vor wie ein würdeloser Mensch, der sich selbst verstümmelt. Mir fällt ein, daß nicht ich auf diese ausgefallene Idee verfallen bin. Verantwortlich dafür ist ausschließlich meine Gardinenwäscherin. Da kommt sie zu mir, mit Kaffee statt mit Tabak:
,,Schätzchen, kann ich dich stören?"
,,Keine Zeit!"
,,Was hast du denn?"
,,Ich bin beschäftigt!"
,,Ja, womit denn?"
,,Mit Nichtrauchen!"
,,Warum das denn, Schätzchen?"
,,Spürst du noch irgendeinen Tabakgeruch?"

„Aber, was hast du denn?"
„Bist du nun zufrieden?"
„Was habe ich dir denn getan?"
„Du suchst Streit!"
„Nein, Schätzchen, ich bringe dir deinen Kaffee."
„Ich bin Nichtraucher, ich brauche keinen Kaffee!"
„Nanu, fühlst du dich nicht wohl?"
„Ich lege nur eine längere Rauchpause ein!"
Da sitze ich nun mit düster umwölkter Stirn, anstatt daß kleine, sich kräuselnde, blaue Wölkchen meine Stirn umspielen. Statt lustige Geschichten zu schreiben, meditiere ich darüber, ob es leichter ist, in der Fülle zu sitzen und nein zu sagen oder in der Dürre zu hocken und nein sagen zu müssen. Nur der arme Mensch hat keine andere Wahl. Aber ich?
Wie viele Jahre dauert nun schon die Freundschaft mit meinen Pfeifen? Alle Stürme der Zeit hat diese Freundschaft überlebt. Allen Anfechtungen hat sie widerstanden. Stets haben die Pfeifen mir die Treue gehalten. In schweren Zeiten habe ich durch die schwerelosen Rauchringe in die Zukunft geblickt. Mit der Pfeife im Mund war ich in glücklichen Stunden noch glücklicher. Die Traurigkeit des menschlichen Strebens ließ sich, versteckt hinter dem blauen Tabaksqualm meiner Pfeife, getrost belächeln. Gegen jede Zeitkrankheit waren mir meine Pfeifen stets die beste Medizin. Haben sie mir nicht stets den Raucherhimmel mit allen seinen Wonnen eröffnet? Und wie danke ich ihnen nun die mir entgegengebrachte Treue? Straft man solche Freunde mit Verachtung?

Jetzt bin ich Nichtraucher, und die Uhr scheint still zu stehen. Die auf meinem Schreibtisch aufgereihten Pfeifen lächeln mich an. Was hat mir meine Enthaltsamkeit bewiesen? Wenn ich das wüßte. Was hat sie mir eingebracht? Ich finde, nichts. Hat sie mich veredelt? Das ich nicht lache. Ich bin so gut und so schlecht wie zuvor. Wem wollte ich meinen eisenharten Willen beweisen? Mir? Solcher Ehrgeiz liegt mir fern. Wollte ich mir bescheinigen, daß ich kein Sklave meiner Leidenschaften bin? Wenn schon Sklave, dann war ich jetzt vier Stunden Sklave meines eisenharten Willens. Es ist siebzehn Uhr. Ich greife eine meiner Lieblingspfeifen. Sie schmiegt sich liebevoll in meine Hand. Aus ihren Poren verströmt sie das Aroma des süßen, herrlich duftenden Tabaks. Ihre rote Maserung erstrahlt im Lampenlicht. Voller Vorfreude stopfe ich sie mit dem köstlichen Kraut. Dann steigen blaue Wölkchen zur Decke. Die Stube verwandelt sich. War sie eben noch kalt, abweisend, fast unpersönlich, wird sie jetzt warm und gemütlich, als brenne ein Kaminfeuer oder ein lieber Mensch beträte das Zimmer, so wie jetzt meine Nichtraucherin, um ihre Kaffeetasse abzuholen:

,,Na, mein Schatz, ist deine längere Rauchpause schon vorbei? Dein Tabak duftet wie Honig."

,,Ja, mein Herzblatt, Hamsun hat gesagt: ,Man muß aufhören können zu rauchen, man muß aber auch den Mut haben, wieder damit anzufangen!' Er hat recht! Ich werde das jetzt täglich tun!"

Wachse und du lebst länger

Genauso wenig wie ein Ehemann sich der Verpflichtung entziehen kann, die Ernährung seiner Kinder und die Hungerkuren seines Weibes zu finanzieren, kann er sich dem Befehl seiner Frau widersetzen, sich am Familiensport zu beteiligen. So kommt jedes Jahr die Zeit, zu der auch meine Treusorgende auf das ungeschriebene Ehegesetz pocht, daß ich sie beim Ski-Langlauf zu begleiten habe. Sie sagt:
,,Langläufer leben länger!''
Das kann ich bestätigen. Ich habe Langläufer beobachtet, die laut stöhnend ihren Lebenswillen zum Ausdruck brachten. Einer, der mir entgegengehumpelt kam, murmelte:
,,Ich laufe, also lebe ich!''
Blöderweise ist zur Saisonzeit des Ski-Langlaufes Winter. Dadurch wird die Ausübung dieser Sportart unnötig erschwert. Für den, der Ski-Langlauf noch nicht kennt, sei er hier leicht verständlich erklärt: Ski-Langlauf gleicht dem Surfen. Nur werden zwei Bretter benötigt, allerdings schmalere. Anstelle des Wassers ist Schnee vonnöten. Ansonsten gibt es kaum Unterschiede. Bei beiden Sportarten befinden sich die Bretter meistens oben und die Sportler darunter. Daher besteht die einzige Sportbetätigung

darin, immer wieder die Ausgangsposition einzunehmen. Welche der beiden Sportarten man ausübt, merkt man beim Sturz. Ersaufen kann man bei beiden Sportarten. Beim Surfen im Wasser, beim Langlauf im eigenen Schweiß.

Die Ursache für das Letztere ist beim Spezialausstatter zu suchen, der sein ganzes Augenmerk darauf richtet, zu verhindern, daß man beim Langlauf erfriert. Die Ausstattung beginnt mit der durchgehenden, langen, warmen Unterwäsche. Darüber kommt die gefütterte obere Unterwäsche und die gefütterte untere Unterwäsche. Dann kommen unten lange, dicke Strümpfe und oben ein langes, dickes Sporthemd. Über das Ganze kommt der Langlaufdreß. Oben folgen Pullover, Anorak, Mütze und Handschuhe. Unten werden Langlaufschuhe und Gamaschen getragen. So ausgestattet, wird man von vier Verkäufern vor einen quadratischen Spiegel geschleppt.

Der Anblick, der sich einem bietet, ist überwältigend. Man sieht sich zum erstenmal in der vierten Dimension. Vor Schreck erstarrt, möchte man vor sich selbst davonlaufen. Das aber ist unmöglich, denn es gibt kein Glied mehr, mit dem man eine Bewegung ausführen könnte. Deshalb lautet die erste Regel für den Langlauf: Jede wie auch immer geartete Notdurft, ist einzustellen! Nur noch die Augen lassen sich bewegen, mit denen man hilfesuchend zum Himmel blicken kann. Dieser für Langläufer typische Blick wurde bisher falsch gedeutet. Man glaubte, sie würden nach Neuschnee Ausschau halten. Es ist jedoch der zum Himmel gewandte, hilflo-

se Blick der gequälten Kreatur, das Flehen um Erbarmen oder Tauwetter.
Da jede normale Gehbewegung in dieser Sportbekleidung unmöglich ist, erhält man spezielle Gehwerkzeuge. Die sogenannten Lauf-Skier. Diese werden als Kufen unter die Schuhe geschnallt. Kufenbreite vier Zentimeter. Kufenlänge zwei Meter. Es gibt nichts, womit man besser und nach allen Seiten gleichzeitig umfallen kann. Nur mit dieser Vorrichtung sind vollendet schöne Stürze möglich. Die ästhetische Art, mit der man sich damit mehrfach überschlagen kann, findet immer die Bewunderung aller Zuschauer. Selbst meine angeheiratete Langlauftrainerin traut oft ihren eigenen Augen nicht und ruft sprachlos aus:
,,Du hast vielleicht eine Art zu fallen!"
Vom Ausstatter erhält man zwei Stöcke, mit denen man dieser Fallsucht vorbeugen soll. Sie reichen jedoch nur aus, um das seitliche Kentern einzuschränken. Da für vorne und hinten keine Stöcke vorgesehen sind, kann man den Salto vorwärts nur durch einen Salto rückwärts verhindern.
Es ist dringend davor zu warnen, diese einundzwanzigteilige Ausrüstung erst an Ort und Stelle anzulegen. Bis man damit fertig ist, hat bereits die Surfsaison begonnen. Man beginnt damit mehrere Tage vor der sportlichen Betätigung in der ehelichen Wohnung unter der Assistenz aller Familienmitglieder. Wenn man dann mit untergeschnallten Lauf-Skiern bewegungsunfähig aufgebaut ist und sich mit den Stöcken seitlich abstützt, kann das Transportunternehmen verständigt werden. Von diesem wird

man mit Hilfe eines Hubkranes, ohne daß man seine Starthaltung zu verändern braucht, zur Abschußrampe gebracht. Zur Loipe, dem Point of no return. Die Loipe ist eine gespurte Sturzstrecke. Sie erleichtert dem Rettungsdienst das Auffinden von Langläufern, die bis zum Saisonschluß nicht zurückgekehrt sind. Ist man in der Spur abgesetzt worden, behalte man seine Starthaltung unbeirrt bei. Für den Abschuß und den damit verbundenen freien Fall genügt der Anstoß durch eine andere Person.

Die geplante Laufstrecke wird wie folgt zurückgelegt: Angenommene Laufstrecke zwölf Kilometer. Eigene Körpergröße einhundertachtzig Zentimeter. Nachdem man 6.666 mal nach vorne gefallen ist, hat man die Strecke bewältigt. Seitliche Stürze bleiben dabei außer Betracht, dagegen müssen Rückwärtsstürze der Summe hinzugeschlagen werden. Eine Bremse ist leider nicht vorhanden. Am besten hat es sich noch bewährt, die beiden Stöcke, links und rechts, waagerecht auszustrecken. Die daran hängenbleibenden Dinge, wie Bäume, Leitungsmaste, Zuschauer und Sportkameraden, wirken sich fahrtmindernd aus.

Wollen Sie Ihre Lauftechnik verbessern, so empfehle ich Ihnen dringend, dem Einwachsen Ihrer Skier größere Aufmerksamkeit zu schenken. Der Ski-Wachs muß nach ganz bestimmten Gesichtspunkten ausgewählt und aufgetragen werden. Entscheidend sind: die Außentemperatur, die Innentemperatur des Läufers, der Zustand des Schnees, der Luft- und Blutdruck sowie die vorgesehene Fallgeschwindig-

keit. Seitdem ich den Langlauf nur noch auf das Wachsen der Skier beschränke, bin ich nie mehr gestürzt. Ich erfreue mich eines aufrechten, geraden Laufes. Auch mein Selbstbewußtsein hat sich wieder aufgerichtet. Beständig bin ich von Langläufern, die meinen wächsernen Rat suchen, umlagert. Junge, willige Langläuferinnen wachse ich selbst ein. Auch meine angetraute Langläuferin ist von meinen geschmeidig einwachsenden Händen hingerissen. Sie jubelt jedesmal:
,,Du hast vielleicht eine Art zu wachsen!"
In Kürze wird mein erstes Fachbuch erscheinen, mit dem Titel:
‚Wachse und du lebst länger!'
Sollten Sie demnächst zum Langlauf kommen und Wachsprobleme haben, Sie finden mich beim Loipenhaus. Folgen Sie der Wachsspur.

Urlaubsträume

Jedes Jahr zur Urlaubszeit machen sich fünfzig Millionen deutscher Bürger auf den Weg, um Erholung zu suchen. Sinnbetörende Urlaubsangebote, deren Texte und Bilder unvergeßliche Freudentage verheißen, haben das Sehnsuchtsbild hervorgerufen, dem sie unaufhaltsam entgegenstreben.
Vielleicht ist es ein verträumtes Nordseedörfchen, nur vierhundertfünfzig Meter vom Meer entfernt. Oder ein idyllischer Ort im Gebirge, inmitten der noch unverfälschten Natur, dort, wo die Berge zu lohnenden Gebirgstouren einladen. Es kann auch eine nostalgische Kleinstadt sein mit einer ruhigen Geschäftsstraße, die zum gemütlichen Einkaufsbummel verführt.
Dem Urlauber ist kein Weg zu weit, kein Autostau zu lang und keine Strapaze zu groß. Er will an den Ort seiner Träume. Nach zwei Tagen zermürbender Autofahrt erreicht er, vollkommen entnervt, sein Urlaubsziel. Dort hat er ausgiebig Gelegenheit, die Wirklichkeit mit dem Traumangebot zu vergleichen.
So wird er feststellen, daß der idyllische Ort im Gebirge ein elendes Kaff in einem Bergkessel ist und daß die unverfälschte Natur aus nackten Felsen und

Geröllhalden besteht. Die lohnenden Gebirgstouren sind nur von schwindelfreien Seilmannschaften zu bewältigen. Das kleine, verträumte Nordseedörfchen ist von dreißigtausend Erholungsbedürftigen bevölkert. Von der Dünenzone bis zum Meer sind es vierhundertfünfzig Meter, aber vom Dorf bis zu den Dünen dreißig Kilometer. In der nostalgischen Kleinstadt ist die gemütliche Einkaufsstraße eine verkehrsdurchflutete Bundesstraße mit schmalen Gehsteigen und abgasblauer Luft.
Dadurch bekommt er wieder Wertschätzung für den eigenen Heimatort. Nur nach Hause. Dort ist Gott sei Dank alles in Ordnung. Bis auf die von Dieben leergeräumte Wohnung und den durch Wassereinbruch gefüllten Keller. Daheim nimmt er noch einmal das Urlaubsangebot zur Hand, das seine Phantasie so beflügelt hatte, und kopfschüttelnd vergleicht er es mit der erlebten Wirklichkeit. Heilig schwört er vor Weib und Kind, nie wieder auf so einen Schwindel hereinzufallen. Bis zum nächsten Jahr.

Wie aber, so fragt man sich, kommen solche irreführenden Urlaubsangebote zustande?

,,Damit wäre unser Verkehrsverein gegründet."
So sprach der Dorfälteste zu den acht Vereinsmitgliedern, die ihn soeben zu ihrem Vorsitzenden gewählt hatten. Dann sah er seine Gefolgschaft aufmunternd an und fragte:
,,Und, was jetzt?"
,,Jetzt brauchen wir Verkehr und Gäste!"

Das forderte der Gastwirt. Bei ihm tagte der Verkehrsverein, dessen Kassierer er war. Seine Dorfschenke trug den Namen ‚Zum goldenen Schwan'. Der Postbeamte des Dorfes und zweiter Vorsitzende des Vereins meldete Bedenken an:
,,Wer kommt schon nach Buschweihershausen? Unser Nest kennt doch keiner!"
Damit hatte er recht. Buschweihershausen bestand lediglich aus einigen Bauernhöfen. Dazu einige Häuser und eine Dorfschule und, soweit das Auge reichte, flache Felder. In der Nähe des Dörfchens lag, inmitten eines kleinen Wäldchens, der Dorfteich. Daher der Name ‚Buschweihershausen'.
,,Wir brauchen einen zugkräftigen Ortsnamen!"
Dieser Vorschlag kam vom Dorfschullehrer.
,,Richtig", bestätigte der Dorfschulze, ,,aber welchen?"
,,Warum bezeichnen wir den Teich nicht als See?", wollte der Bäckermeister wissen.
,,Das ist gut", lobte der Vorsitzende und fragte: ,,Könnten wir aus dem Busch nicht auch einen Wald machen?"
Worauf der Dorfschullehrer aufstand und den neuen Ortsnamen verkündete:
,,Erholungsort ‚Hausen am Waldsee'!"
Der Name fand allgemeine Zustimmung. Danach ergriff der Vorsitzende wieder das Wort:
,,Und wie geht es weiter? Was haben wir noch zu bieten?"
Der Gastwirt, überzeugt von den Kochkünsten seiner Frau, brachte den ersten Vorschlag:
,,Der ‚Goldene Schwan' bietet seinen Gästen eine gute Küche!"

Der Fleischermeister wagte einen Einspruch:
„Das genügt nicht! Wir brauchen etwas Besonderes. Französische Küche! Spezialitäten und so!"
„Ich könnte ja Froschschenkel auf die Speisekarte setzen", kam der Gastwirt diesem Wunsche entgegen. Das brachte den Lebensmittelhändler des Dorfes auf die Lösung:
„Ich schlage vor, daß der Lehrer die Speisekarte ins französische übersetzt. Außerdem nennt sich das Gasthaus, von nun an ‚Hotel zum goldenen Schwan'."
Das wurde von allen akzeptiert. Die nächste Idee kam von Bauer Rothemund:
„In unserem Teich könnten die Gäste angeln."
„Mensch", hielt der Postbeamte dagegen, „in diesem Schlammtümpel gibt es nicht einen einzigen Fisch. Nur Frösche für die französische Küche."
„Wir setzen einen Karpfen aus", rief der Gastwirt, „wenn der gefangen wird, gibt es Karpfen blau, auf französisch, natürlich."
Jetzt hatten die Mitglieder des Verkehrsvereins begriffen, worum es ging:
„Dann ladet der See auch zum Bade!" folgerte der Gemeindeschreiber, jetzt Schriftführer des Vereins, und der Lehrer fügte hinzu:
„Und er bietet heilende Schlammbäder, die sehr gut sind bei Rheuma, Gicht und Kreislaufstörungen. Außerdem härtet das ab. Therapie nennt man das."
„Und wo ist das Badehaus? Und wo sind die Umkleidekabinen?" versuchte der Postbeamte wieder einzuschränken. Damit kam er aber beim Dorfschulzen schlecht an:

„Wir nehmen dazu den Karren des Schäfers, der braucht ihn im Sommer nicht."
Danach stellte sich heraus, daß die Gäste auf Bauer Rothemunds Ackergäulen gefahrlos reiten könnten. Auch ließen sich durch den Einsatz seines Heuwagens Kutschfahrten arrangieren. Der Bäckermeister war bereit, mit den beiden Fahrrädern seiner Söhne einen Fahrradverleih zu eröffnen. Die Turnhalle wurde zu einem Tennis-Center, wobei der Lebensmittelhändler sich bereit erklärte, Schläger und Bälle zu verleihen. Dafür durfte er seinem Laden den Titel ‚Sport-shop' hinzufügen. Da er an die Dorfkinder Stieleis aus der Kühltruhe verkaufte, ergab sich auch noch die Bezeichnung ‚Eisdiele'. Als dann der Lehrer sich noch bereit erklärte, sowohl Vorträge über die heimische Fauna und Flora zu halten als auch seine Urlaubsdias vorzuführen, konnte den Feriengästen auch ein kulturelles Programm zur geistigen Erbauung angeboten werden.
Man beschloß, einen Faltprospekt drucken zu lassen. Dieser sollte stimmungsvolle Fotos enthalten. Einen Angler am See, einen über Wiesen preschenden Reiter, frohe Schwimmer im blauen Wasser und mit Kälbchen spielende Kinder.
Außerdem wurde eine Anzeigenserie geplant, die in den Tageszeitungen der Großstädte erscheinen würde, um auf ‚Hausen am Waldsee' aufmerksam zu machen. Eine Frage blieb noch zu klären, und diese wurde vom Gastwirt, dem Kassierer des Verkehrsvereins, gestellt:
„Woher sollen wir dafür das Geld nehmen?"
Diese Frage beantwortete der Vorsitzende:

,,Unsere Feriengäste müssen eine Kurtaxe entrichten. Bis diese unsere Vereinskasse gefüllt hat, wird der Verkehrsverein einen Kredit aufnehmen.''
Bald konnte jeder Bundesbürger, der sich einen paradiesischen und erholsamen Urlaub wünschte, es in den Zeitungen lesen:

Der idyllische Erholungsort ‚Hausen am Waldsee'!
Mildes Klima und sauberes Wasser sind die Merkmale eines der schönsten Waldseen unseres Landes. ‚Hausen', die hübsche, alte See-Gemeinde, die sich ihren ursprünglichen Zauber bewahrt hat, sorgt dafür, daß sich der Urlauber hier wohlfühlt. Baden und schwimmen im kristallklaren Waldsee, der auch für Kinder und Nichtschwimmer geeignet ist. FKK-Möglichkeit. Moorbäder bieten außergewöhnliche Heilerfolge bei Rheuma, Gicht und Kreislaufstörungen. Ein umfassendes Freizeitangebot wartet auf den Aktivurlauber: Reiten, Angeln, Kutschfahrten, Tennis-Center, Fahrradverleih. Alle Sportgeräte im Sport-shop. Die Gastronomie bietet Spezialitäten und eine erlesene französische Küche. Unterhaltungsmöglichkeiten von gesellschaftlicher Art, wie kulturelle Veranstaltungen und Dia-Abende, geben dem Ort die richtige Urlaubsatmosphäre. Prospekte und Angebote sind über den Verkehrsverein zu erhalten.

Das liest der gestreßte, urlaubsreife Bundesbürger. Sein Auge verklärt sich, und er gerät in einen Zustand der Verzückung. Womit wir wieder am Anfang unserer Geschichte wären.

Der Walkmann

Die Hauptmahlzeit findet bei uns immer abends statt. So will es meine eheliche Regierung. Einmal am Tag hätte sich die ganze Familie, um den gemeinsamen Tisch zu versammeln. Das ist bei uns nur abends möglich. Warum? Weil unsere Kinder tagsüber nie zur gleichen Zeit zur Tür hereinkommen, aber dafür zu den unterschiedlichsten Zeiten zur Tür hinausgehen. Die Ursache ist ihr Stundenplan. Seit dem ersten Schultag meiner Kinder habe ich mich vergeblich bemüht, deren Kommen und Gehen gemäß ihrem Stundenplan zu ordnen. Stunden waren genügend vorhanden, nur kein Plan, den ich dann auch noch mit der Planlosigkeit der Verkehrsbetriebe koordinieren mußte. Die Berechnungen des Kopernikus waren damit verglichen simple Rechenaufgaben. Die Auswirkungen dieser Familienzersplitterungen sind in vielen Familien zu beobachten. Kinder, deren Ausbildung sich darauf beschränkt, die wechselnden Stundenpläne und die Fahrzeiten der Verkehrsbetriebe auswendig zu lernen. Mütter, die ihre Kinder nur noch des Nachts zu sehen bekommen, und verunsicherte Väter, die im Dunkeln die Mütter verwechseln.

Jetzt ist es soweit, unsere abendliche Familienmahlzeit kann beginnen.
,,Wo ist Michael denn schon wieder?''
Diese Frage kommt von meiner Familienregierung. Da ich meine Frau in ihren Regierungsgeschäften unterstütze, richte ich meinen Blick antwortheischend auf Veronika.
,,Auf seinem Zimmer.''
,,Dann hole ihn!''
Veronika erscheint mit Michael. Doch, was ist mit dem Jungen los? Sein Blick ist abwesend und verklärte wie hypnotisiert. Den scharfen Augen seiner Mutter bleibt die Ursache nicht verborgen.
,,Wilhelm-Mathias, sage deinem Sohn, er soll gefälligst sein Sprechfunkgerät auf seinem Zimmer lassen!''
Mein Sohn? Mir bleibt die Kartoffel im Halse stecken. Sie tut, als hätte ich ihn allein zur Welt gebracht. Aber bitte, wenn väterliche Autorität befehlsmäßig angeordnet wird, so werde ich es daran nicht fehlen lassen. Also hole ich tief Luft. Mit dem Erfolg, daß die Kartoffel jetzt in meinem untersten Lungenzipfel sitzt. Ich laufe blau an. Meine Familie blickt erwartungsvoll. Anscheinend erweckt meine Gesichtsfarbe den Eindruck eines cholerischen Anfalls. Lediglich Oma versteht die tiefere Bedeutung meiner Gesichtsverfärbung. Sie knallt mir ihre rechte Hand auf den Rücken. Das ist die Hand, mit der sie sonst ihren zwölf Pfund schweren Kuchen anrührt. Die Kartoffel ist heraus, vermutlich auch meine Lunge, denn ich bekomme immer noch keine Luft. Mit dem Schlag hätte man die Mondfähre auf den Mars befördern können.

„Michael", krächze ich, „Michael, bringe das Ding auf dein Zimmer."
Michael hört mich nicht. Unverändert glückselig ißt er weiter.
„Das Ding ist ein Walkmann", verkündet Veronika.
„Ein was??"
„Ein Walkmann!"
Das muß englisch sein. Walk = laufen, gehen, spazierengehen, Spaziergehermann. Ein Wandersmann!
„Ein Wandersmann? Was soll der Quatsch?"
„Pa, ein Walkmann, Musik im Ohr und so."
„Musik im Ohr? Was soll das? Schätzchen, würdest du deiner Tochter sagen, sie soll sich gefälligst klar ausdrücken!"
Ha, ihre Tochter! Allmählich klären sich hier die Besitzverhältnisse.
„Veronika, antworte deinem Vater!"
„Ma, ein Walkmann ist eine Musikkassette mit einem Kopfhörer dran."
„Eine Musikkassette mit Kopfhörer gibt es nicht. Wozu braucht man überhaupt einen solchen Kopfhörer?"
„Den brauche ich schon lange! Ihr stellt das Fernsehen immer viel zu leise ein!"
Das war Oma. Sie ist unübertrefflich. Ein Stichwort genügt ihr.
„Michael braucht den Kopfhörer. Da sieh doch, in seinem Ohr!"
Veronika hat recht, jetzt sehe ich es. Ein feiner Draht läuft vom Gerät zu einem Knopf in seinem Ohr.

„Michael!!"
Der hört nichts.
„Veronika, nimm ihm den Mann aus dem Ohr!"
Ein Griff von Veronika, und mein Sohn scheint wieder normal zu werden. Sein Blick erfaßt uns. Die Erinnerung kommt ihm wieder. Seine Augen sind voller Unschuld, und erstaunt fragt er:
„Ist was?"
„Michael, ist das ein Walkmann?"
„Ja, Pa."
„Mußt du den auch während des Essens tragen?"
„Ja, Pa, den trägt man immer, sonst wäre er kein Walkmann."
Eine logische Antwort. Man merkt, das ist mein Sohn. Für mich ist die Sachlage damit geklärt. Ein Walkmann ist nun einmal ein Walkmann. Meine Frau, die keinen Walkmann, sondern einen Ehemann hat, wird das kaum verstehen.
„Wilhelm-Mathias, nimm ihm das Ding ab!"
Die Augen meines Sohnes treffen die meinen. Da braucht es keiner Worte. Wir verstehen uns. Vater und Sohn. Beides technisch fortschrittliche Menschen. Die reife Jugend und das jugendliche Alter. Die Welt der Männer, die den Frauen stets verborgen bleiben wird.
„Bitte, Michael, gib mir den Walkmann."
„Hier, Pa."
„Vielen Dank, Michael."
So werden Söhne erzogen. Man muß Verständnis haben für die neue Generation. Die Generation der Walkmänner.
„Und wie, Michael, funktioniert das?"

„Pa, du steckst lediglich diesen Knopf in dein Ohr. Wenn ich dann auf die Taste ‚Start' drücke, hörst du klasse Musik. Mann, das bringt dich richtig in Stimmung."
„Nichts brauche ich mehr als bessere Stimmung. Bitte drücke!"
Selbigen Augenblicks wirft mich eine fürchterliche Detonation fast vom Stuhl. Eine Raketenwerferbatterie bohrt ihre Geschosse in mein rechtes Ohr. Eine infernalische Explosion schließt sich an, als die Raketen in meinem Kopf explodieren und die Druckwelle durch mein linkes Ohr entweicht. Zum zweiten Male an diesem Abend bleibt mir die Luft weg. Der Walkmann muß einen technischen Knalldefekt haben, denn menschliches Versagen ist bei mir ausgeschlossen. Meine leichenblasse Gesichtsfarbe veranlaßt meinen Sohn, die nur für den Notfall vorgesehene Taste ‚Stop' zu drücken. Der Walkmann bleibt sofort stehen. Jetzt ist er kein Walkmann mehr, sondern ein Standmann. Unendliche Stille umgibt mich. Ich spüre nur, wie Michael den Standmann aus meinem Ohr entfernt. Ich sehe, wie sich die Lippen meines Weibes bewegen. Danach bewegt Veronika ihre Lippen. Mich aber umgibt totale Stille. Nichts erreicht mehr mein Gehör. Ich bin stocktaub. Im Umgang mit meiner Familie wird sich das zwar vorteilhaft auswirken, aber bei meinen Telefongesprächen werde ich mit Komplikationen rechnen müssen. Jetzt höre ich meine Treusorgende flüstern:
„Willst du deinen Vater durch einen elektrischen Schlag umbringen?"

Danach flüstert meine Tochter:
„Regt euch nicht auf, der übersteht alles."
Ich weiß nicht, warum alle plötzlich flüstern. Mein Sohn genauso:
„Der versteht nichts von Rock and Roll."
Nun flüstert sogar die Oma:
„Kriege ich nun den Kopfhörer? Ihr stellt das Fernsehen immer viel zu leise ein."
Jetzt ist mir wirklich nach einem cholerischen Anfall zumute. Aber ich werde mich beherrschen. Darum werde ich auch flüstern, vollkommen beherrscht:
„Dieses Ding ist beschlagnahmt!"
Worauf ich mein Weib flüstern höre:
„Warum brüllst du denn so? Glaubst du, wir sind taub?"
Ich bin am Ende. Ich habe nur noch einen Lungenflügel, ich bin stocktaub und meine Nerven flattern.
„Was ich glaube, will ich euch sagen. Ich glaube, daß Michael seinen Walkmann nicht zurückbekommt, dagegen bekommst du, mein Schatz, deine Kinder, um ihnen beizubringen, wie sie über ihren Vater zu sprechen haben. Ich jedenfalls werde mich jetzt mit Oma vor die Flimmerkiste setzen!"
Damit ist meine Familie endlich zum Schweigen gebracht. Nur noch die Oma strahlt mich an:
„Endlich hörst du auf zu nuscheln. Du solltest immer so deutlich sprechen!"
Nach dem Abendprogramm des Fernsehens finden dann meine Treusorgende und ich uns zum abendlichen Frieden:
„Schätzchen, meinst du nicht, du solltest Michael

seinen Walkmann zurückgeben?"
„Das geht nicht mehr."
„Warum denn nicht?"
„Oma hat ihn."
„Was will sie denn damit? Davon versteht sie doch nichts."
„Als Kopfhörer zum Fernsehen."
„Was??"
„Ja, sie beklagt allerdings, daß die Hintergrundmusik jetzt so laut sei, daß sie die Schauspieler nicht mehr verstehen könne!"

Unternehmergewinne

Deutsche Gründlichkeit ist ein bekanntes Markenzeichen. Allein schon unsere Steuergesetze sind vorbildlich. Diese bestehen, mit ihren Steuerrichtlinien und Steuerverordnungen, aus einem Gesetzeswerk von rund achttausend Buchseiten. Der Text dieses Machwerkes hat eine Länge von ca. achtzig Kilometern. Mit Recht kann man daher unser Land als Steuerparadies bezeichnen. Jedenfalls ist das die Meinung unseres Finanzministers. Länder wie die Schweiz, Liechtenstein oder Monaco sind dagegen die reinsten Entwicklungsländer. Immer wieder müssen sich die Bürger dieser Länder fragen, warum sie dies oder das nicht zu versteuern brauchen. Das kann einem Bundesrepublikaner nicht passieren. Hier wird alles besteuert.
Nehmen wir ein kleines Beispiel. Ihre Verzehrrechnung in einem Restaurant beträgt DM 18,50. Da der Kellner sie zuvorkommend bedient, runden sie diesen Betrag auf und geben ihm DM 20,—. Also ein Trinkgeld von DM 1,50. Ein Geschenk, das sie ihm machen. Er aber muß dieses Geschenk versteuern. Die Nichtangabe vereinnahmter Trinkgelder nennt man hier schlicht und einfach ‚Steuerhinterziehung‘. Somit verbleibt dem Kellner nach Abzug

seiner Steuern vom Trinkgeld nur noch DM 1,—.
Wenn Ihnen aber seine Bemühungen DM 1,50 wert
waren, so hätten Sie ihm DM 2,25 zulegen müssen.
Dann hätte er DM 1,50 übrigbehalten. Um ihm aber
DM 2,25 geben zu können, müssen sie erst einmal
DM 3,37 verdienen. Somit sind bei dieser kleinen
freundlichen Geste 56 % im unergründlichen Staatssäckel verschwunden.

Ich ging immer gern in mein Stammlokal. Ein kleiner Landgasthof, der recht gemütlich und urig war, mit guter Küche und gepflegten Getränken. Bewirtschaftet wurde er von einem fleißigen Ehepaar, das von einem Koch und einem Zimmermädchen unterstützt wurde. Landgasthof ‚Zur alten Mühle'. Bei meinem letzten Besuch verwehrte mir ein Schild den Zutritt: Wegen Steuerhinterziehung geschlossen! Was war geschehen? Hier das Schicksal eines Steuerparadiesbewohners:
,,Herr Wirt, gemäß Ihrer Steuererklärung haben Sie im letzten Jahr keinen Gewinn gemacht?"
,,Ganz recht, Herr Steuerinspektor. Die Wiedereröffnung der alten Mühle war sehr teuer. Alles renoviert, neu eingerichtet und installiert. Wir sind froh, daß es ohne Verlust abgegangen ist. Aber zum Gewinn hat es im ersten Jahr noch nicht gereicht."
,,Sie wohnen hier in der alten Mühle?"
,,Ja, wir haben ein Wohnzimmer, ein Schlafzimmer und ein Bad. Früher waren das Gästezimmer."
,,Die Sie sonst hätten vermieten können, nicht wahr? Zu welchem Preis?"
,,Für diese Suite hätten wir DM 80,— pro Nacht

verlangt. Aber irgendwo müssen wir, meine Frau und ich, ja auch wohnen."

„DM 80,— mal 360 Tage, damit haben Sie einen geldwerten Vorteil von DM 28 800,— im Jahr in Anspruch genommen. Wer reinigt Ihre Privaträume?"

„Das macht unser Zimmermädchen mit."

„Wie hoch ist der Stundenlohn Ihres Zimmermädchens?"

„DM 15,—."

„Bei einer Stunde pro Tag ergibt das einen geldwerten Vorteil von DM 5 400,— pro Jahr. Wie halten Sie es mit Ihrer Bettwäsche und Ihren Handtüchern?"

„Die laufen bei der Hotelwäsche mit durch."

„Also waschen und mangeln. Wert DM 20,— pro Woche, gleich DM 1 080,— im Jahr. Woher nehmen Sie ihr Toilettenpapier?"

„Natürlich vom Hotelbestand, das kaufen wir doch nicht separat."

„Zwei Rollen in der Woche. Geldwerter Vorteil DM 130,— pro Anno. Der Strom für Ihre Wohnung läuft über den Hotelzähler?"

„Es ist ein Uhr nachts bis wir ins Bett kommen, und um sechs Uhr morgens sind wir schon wieder auf."

„Geldwerter Vorteil DM 700,— im Jahr. Und Ihr Wasserverbrauch läuft auch über den Hotelzähler?"

„Natürlich."

„Geldwerter Vorteil DM 250,— im Jahr. Werden Ihre beiden Zimmer beheizt?"

„Aber sicher."

„Anteilige Heizkosten für zwei Zimmer mit Bad,

das sind DM 100,— pro Monat, also DM 1 200,— pro Jahr. Ihre Mahlzeiten nehmen Sie in ihrer eigenen Gaststätte ein?"
"Es bleibt ja immer genug in der Küche übrig."
"Also Frühstück, Mittag- und Abendessen für Sie und Ihre Frau. DM 50,— pro Tag, mal zwei, gleich DM 100,—, mal 360 Tage im Jahr, gleich einem geldwerten Vorteil von DM 36 000,— pro Anno. Trinken Sie im Laufe des Tages auch etwas?"
"Na, so fünf Bierchen am Tag werden es schon sein. Nachmittags auch mal ein oder zwei Tassen Kaffee."
"Und Ihre Frau?"
"Meistens Mineralwasser und natürlich Kaffee."
"Fünf Bier DM 12,50. Vier Kaffee DM 8,—. Drei Wasser DM 4,50. Zusammen DM 25,— pro Tag, im Jahr gleich DM 9 000,— an geldwertem Vorteil. Rauchen Sie beide und, wenn ja, wieviel?"
"Jeder ein Päckchen."
"Wo holen Sie Ihre Zigaretten?"
"Wir ziehen Sie aus unserem Automaten."
"Sie werfen Geld hinein?"
"Natürlich, sonst funktioniert er ja nicht."
"Wer entleert den Automaten?"
"Na, ich selbstverständlich, und ich fülle ihn auch wieder auf."
"Sie entnehmen also auch das Geld, das Sie selbst hineingeworfen haben?"
"Natürlich."
"DM 8,— pro Tag, gleich DM 2 880,— geldwerter Vorteil im Jahr. Ihre Frau bedient die Gäste?"
"Ja."

„Bekommt sie auch Trinkgelder?"
„Sie ist bei den Gästen sehr beliebt. Es waren schon mal DM 30,— an einem Tag."
So, so, das wären ja DM 10 800,— im Jahr. Sie haben ein Auto?"
„Einen alten, kleinen Lieferwagen, mit dem ich morgens zum Großmarkt fahre."
„Benutzen Sie ihn auch privat?"
„Um Gottes willen. Meine Frau würde sich nie in diese Klapperkiste setzen. Wann sollten wir ihn auch benutzen? Von morgens sechs bis nachts um eins sind wir hier beschäftigt."
„Aber Sie könnten ihn privat benutzen?"
„Natürlich, aber dazu kommt es ja nicht."
„Darauf kommt es nicht an. Die Privatpauschale der jährlichen Kraftfahrzeugkosten beträgt 20%, das sind DM 906,— im Jahr. Ihr Gasthof hat Telefon?"
Aber sicher. In jedem Gästezimmer. Man muß mit der Zeit gehen."
„Telefonieren Sie auch privat?"
„Nein, mit wem sollten wir auch als zugereiste Fremde hier telefonieren? Verwandte haben wir beide nicht mehr und für private Dinge auch leider nicht die geringste Zeit."
„Darauf kommt es nicht an. Sie könnten, wenn sie wollten, privat telefonieren. Die Privatpauschale beträgt 20% Ihrer gesamten Telefonkosten. 20% von Ihren Jahrestelefonkosten sind DM 1 200,— als geldwerter Vorteil. Bezahlen Sie Ihrer Frau ein Gehalt für ihre Arbeit?"
„Meiner Frau? Ja, wie käme ich denn dazu?"

„Sie arbeitet also gratis für Sie? Von morgens sechs bis nachts um ein Uhr? Und das sieben Tage in der Woche?"

„Natürlich, das tue ich ja auch!"

„Das wären, unter Abzug von einer Stunde Pause, 18 Stunden am Tag oder 126 Stunden in der Woche. Welchen Stundenlohn müßten Sie einer Bedienungskraft bezahlen?"

„Unter DM 18,— bekommen Sie heute keine. Aber das können wir uns nicht leisten, deshalb muß meine Frau diese Arbeit übernehmen."

„Darauf kommt es nicht an. Ihre Frau hat Ihnen einen geldwerten Vorteil von DM 108 864,— im Jahr verschafft. Aber nun zu Ihnen. Angenommen, Sie würden hier nicht selber den Wirt spielen, sondern einen Geschäftsführer diese Arbeit verrichten lassen, was müßten Sie einem solchen Mann im Monat bezahlen?"

„Das ist ja unmöglich, dem müßte ich mindestens DM 3 500,— pro Monat bezahlen. Wo soll das denn herkommen?"

„Das bedeutet, Ihre Arbeit ist im Jahr DM 42 000,— an Geld wert. Ein Gewinn, den Sie Ihrem Unternehmen verschafft haben, da sie die Arbeit selbst verrichtet haben. Ein geldwerter Vorteil."

„Herr Steuerinspektor, was meinen Sie immer mit der Bezeichnung geldwerter Vorteil?"

„Herr Wirt, Sie und Ihre Gattin haben vieles in der alten Mühle in Anspruch genommen. Dinge, die Sie, wenn Sie hier nicht der Wirt wären, hätten bezahlen müssen. Dadurch haben Sie den Gewinn Ihres Unternehmens entscheidend gemindert. Gerechterweise müssen diese Beträge dem Unternehmensgewinn hinzugeschlagen werden. Ebenso haben Sie und Ihre Gattin durch Ihre kostenlose Arbeit einen versteckten Gewinn produziert. Der muß natürlich auch berücksichtigt werden. Stellen Sie sich vor, es würde jeder umsonst arbeiten, dann käme nicht eine Mark an Steuern ein. Damit stellt sich Ihr Unternehmensgewinn für das vergangene Jahr wie folgt dar:

Gewinn der Alten Mühle:

1.	Privater Wohnungsanteil	DM	28 800,—
2.	Benutzung des Zimmermädchens	DM	5 400,—
3.	Benutzung der Hotelwäsche	DM	1 080,—
4.	Benutzung des hoteleigenen Toilettenpapiers	DM	130,—
5.	Strom für Privaträume	DM	700,—
6.	Wasser für Privaträume	DM	250,—
7.	Heizung für Privaträume	DM	1 200,—
8.	Verpflegung im Hotel	DM	36 000,—
9.	Getränke im Hotel	DM	9 000,—
10.	Zigaretten im Hotel	DM	2 880,—
11.	Trinkgelder	DM	10 800,—
12.	Privater Kraftfahrzeuganteil	DM	960,—
13.	Privater Telefonanteil	DM	1 200,—
14.	Nicht gezahlte Löhne	DM	108 864,—
15.	Nicht gezahlte Gehälter	DM	42 000,—
Betriebsgewinn		DM	249 264,—

Die daraus überfällige Einkommenssteuer errechnet sich wie folgt:
davon 56 % Einkommenssteuer   DM 139 587,—

Da die Steuer nicht rechtzeitig
abgeführt wurde, sind 10 % Zinsen
zuzuschlagen: DM 13 958,—

Sofort fällige Einkommensteuer
somit: DM 153 546,—

Würden Sie bitte so freundlich sein, mir über diesen Betrag einen Scheck auszustellen? Sie werden sicher nicht so unklug sein, so viel Bargeld im Hause aufzubewahren."

Aus diesem Bericht mag der geneigte Leser unschwer erkennen, was deutsche Gründlichkeit vermag. In unserem Steuerparadies kann jeder leicht und schnell zu einem kleinen Vermögen kommen. Vorausgesetzt, er hatte vorher ein großes!

Typisch Frau

Ich würde niemals sagen: „Das ist mal wieder typisch Frau!" Von solchem Vorurteil fühle ich mich frei. Natürlich, man kann nehmen, was man will, es sieht sich aus der Sicht meiner Frau anders an als aus meiner Sicht. Sie betrachtet die Welt mit anderen Augen. Ihr Zeitgefühl, ihr Farbsinn, ihr Geschmack, ihre Weltanschauung, ihr Familiensinn und ihre Gefühlsempfindungen sind anders als bei mir. Ansonsten ist sie ganz normal. Ich könnte also höchstens sagen: „Typisch meine Frau!" Deshalb bin ich gezwungen, die Dinge mit den Augen meiner Frau zu sehen, und mit diesen sieht sie zunächst einmal sich selbst. Das ist der Grund, warum ich ihr ab und zu einige Komplimente mache. Keine Schmeicheleien, sondern ehrlich verdientes Lob, wie es der Frau eines bedeutenden Mannes zukommt.
„Guten Morgen, mein Schatz, wie wunderbar frisch und jung du heute aussiehst."
„Was ist mit dir los? Ich sehe immer so aus, wie ich heute aussehe. Was sollen die dummen Sprüche?"
„Ich finde, daß du immer jünger wirst."
„Vielen Dank, daß du mich daran erinnerst, daß ich älter werde. Aber ich weiß selbst, wie alt ich bin. Ich bin dir wohl nicht mehr gut genug?"

„Aber, Schätzchen, ich meine doch nur, daß reife Frauen mit deiner Schönheit auf mich einen tiefen Eindruck machen."
„So, andere Frauen machen auf dich einen tiefen Eindruck. Aber, du wirst mit mir vorlieb nehmen müssen, obwohl ich nur eine simple Hausfrau bin."
„Warum soll ich dir nicht sagen, daß dein neues Kleid entzückend ist."
„Neu? Hast du neu gesagt? Soweit ich mich erinnere, ist dieser Fetzen sieben Jahre alt. Ich habe nur alte Fetzen! Aber dafür hat der Herr keine Augen. Nur, wenn die Cognacflasche leer ist, das sieht er sofort. Ich könnte nackt herumlaufen, und du würdest es nicht sehen!"
Hat man je von einer nackten Frau gehört, die die Türen ihres Kleiderschrankes nicht mehr ins Schloß pressen kann? Ich gebe gerne zu, daß ich von Frauenkleidern nichts verstehe, ich trage sie zu selten. Trotzdem muß ich meiner Frau Komplimente machen.
„Du kannst deine Kleider lange tragen und siehst immer jung und fesch darin aus."
„Jetzt reicht es mir! Ich muß, mein Lieber, ich muß! Weil für alles Geld da ist, für Auto, Hifi-Anlage, Video-Recorder und was sonst noch, aber nicht für mich. Nur arbeiten darf ich, von morgens bis abends. Aber das ist dir ja egal!"
„Ich weiß, wie fleißig du bist, darin bist du nur zu loben!"
„Was? Lob? Was ich verdiene ist ein neues Kleid!"
„Ich wollte dir nur sagen, wie sehr ich dich bewundere, weil du deine Arbeit so gut bewältigst."

,,Sag mal, was soll das? Hast du nichts zu tun? Hier brauchst du keine großen Reden halten. Außerdem hälst du mich von meiner Arbeit ab!''
,,Kann ich dir irgendwie dabei helfen?''
,,Du helfen? Das ich nicht lache! In die Töpfe gucken, das kannst du, oder den Kindern die Plätzchen wegessen. Jetzt mache, daß du an deine Arbeit kommst, hier bist du mir nur im Wege!''
,,Du schickst mich weg? Obwohl ich dich so liebe?''
,,Was? Du meinst wohl, in Anspruch nehmen! Mich ausnutzen! Du kannst ruhig sagen, wie es ist. Tue dir keinen Zwang an!''
,,Ich wollte dir doch nur eine kleine Freude machen.''
,,Du mir Freude? Arbeit machst du mir. Immer kann ich dir alles hinterhertragen und deinen Dreck wegfegen. Mit dreckigen Schuhen in die Wohnung laufen, deine Pfeifen in meinen Blumentöpfen ausklopfen, ja, das kannst du! So eine Freude!''
,,Und was würdest du zu diesem netten, kleinen Ring hier sagen?''
,,Was, bist du wahnsinnig? Ein Weißgoldring mit einem Aquamarin? Ist der schön! Schau her, er paßt genau! Nein, wie lieb von dir! Mein lieber Schatz, du bist der beste Ehemann, der größte von allen! Komm, lasse dich umarmen, ich muß dir einen ganz dicken Kuß geben. So eine Überraschung. Nein, wie aufmerksam! Ich liebe dich, mein Schatz! Nein, so etwas, das ist mal wieder typisch Mann!''

Das Geheimnis der starken Männer

Um uns Deutsche ist es schlecht bestellt. Wir sterben aus! Der Geburtenrückgang ist besorgniserregend. Wenn dieser Trend anhält, dann sind im Jahre 2045 die letzten deutschstämmigen Personen nur noch im Wachsfigurenkabinett zu bewundern. Dabei leben in unserem Land mindestens zwanzig Millionen Männlein und Weiblein im zeugungsfähigen Alter. Wissen diese nicht mehr, wie Kinder hergestellt werden? Um diesen Herstellungsprozeß in Gang zu setzen, bedarf es doch nur eines einzigen Vorgangs. Warum machen diese Paare von der früher so beliebten und heute so notwendigen Maßnahme keinen Gebrauch mehr? Die Antwort ist leicht zu finden: Es fehlt den Männern an der notwendigen Initiative!
Es liegt also nahe zu vermuten, daß Not am Mann ist. Diese Annahme erhält Gewißheit, wenn man die Anzeigenteile unserer einschlägigen Illustrierten studiert. Dort findet man eine unübersehbare Fülle von Angeboten, in denen Medikamente angepriesen werden, die den Männern die notwendige Kraft geben sollen, damit sie wieder in der Lage sind, den unerläßlichen Vorgang zu vollziehen, der den Erhalt unseres Volkes gewährleistet. Die Anbieter dieser

Präparate, durch die die sexuelle Bereitschaft der Männer aktiviert und ihre Potenz gestärkt wird, sind die Retter unserer vom Aussterben bedrohten Nation.
Die Überschriften dieser Anzeigen lassen erkennen, woran es den deutschen Männern mangelt:
‚Mehr Kraft für die Liebe! Männer müssen in der Liebe fit sein! Damit Sie in der Liebe ihren Mann stehen!'
Genau das ist es, was die deutsche Frau von dem Vater ihrer zukünftigen Kinder, die zur Erhaltung unserer Sippschaft so dringend erforderlich sind, erwartet! Der Text der Anzeigen informiert über die unübertroffene Wirkung dieser Energiequellen, die in Form von luststeigernden Sexualtropfen angeboten werden:
‚Die echten Starkmacher mit dem Extrakt exotischer Drogen! Wenige Tropfen genügen schon! Mit Sofort-Wirkung! Millionenfach bewährt!'
Eines dieser verblüffenden Mittel, mit dem überzeugenden Namen ‚Sexi-Potenzkraft', ist bereits für 19,80 Mark zu erhalten. In allen Apotheken. Einerseits kamen mir leichte Zweifel. Wieso geht unser Volk dem Untergang entgegen, wenn dieses Sexualtonikum von Millionen von Männern eingenommen wird? Andererseits darf ich nicht abseits stehen, wenn so viele meiner Geschlechtsgenossen verantwortungsbewußt handeln.
Darum ist es an der Zeit, Schritte zu unternehmen, und zwar in die nächste Apotheke. Festen Schrittes, voller Vorfreude auf meine gleich wieder hervorbrechende Manneskraft, betrete ich den Heilmittelladen.

Der Apotheker lächelt mich verständnisvoll an. Gerade als ich mich ihm als Volkserhalter offenbaren will, betritt eine junge Dame die Apotheke und stellt sich an meine Seite. Mir verschlägt es die Sprache. Ich kann doch nicht vor den Ohren dieser jungen Frau eine Flasche ‚Sexi-Potenzkraft' verlangen. Was haben sich die Hersteller bei dieser Namensgebung eigentlich gedacht? Insektenvertilgungsmittel nennen sie ‚Dichlordiphenyltrichloräthan', aber einem lebenswichtigen Fortpflanzungsmittel geben sie den Namen ‚Sexi-Potenzkraft'. Ich versuche die Situation zu retten, indem ich vorschlage:
,,Bitte, bedienen Sie zuerst die junge Dame."
Die aber, anscheinend mit den Problemen der Männerwelt noch nicht vertraut, lehnt das entschieden ab:
,,Nein, nein, der Herr war zuerst da."
Beide sehen mich erwartungsvoll an. Was jetzt? An Flucht ist nicht zu denken. Mein verzweifelter Blick fällt auf ein Reklameschild: ‚Honig-Bonbons bei Husten und Heiserkeit'. Meine Rettung. Aufatmend verlange ich mit heiserer Stimme Honig-Bonbons.
Leicht angeschlagen stehe ich mit meiner Honigtüte wieder auf der Straße. Also mache ich mich auf den Weg zur nächsten Apotheke. Durch die Erfahrung gewitzt, warte ich ab, bis nur noch der Apotheker im Laden ist. Dann eile ich hinein. Aber ist es denn die Möglichkeit? Genau in diesem Moment verschwindet der Apotheker in die hinteren Räume. An seiner Stelle erscheint eine hübsche, blonde Apothekerin. Mein Traum von unzähligen Kindern, alle

von mir gezeugt, zerstiebt in alle Winde. Statt mir von der blonden Apothekerin ‚Sexi-Potenzkraft' geben zu lassen, verlange ich, von Husten geplagt, Malz-Bonbons. Es wird einem verdammt schwer gemacht in diesem unserem Lande, seine vaterländische Pflicht zu erfüllen.

Draußen öffne ich die erworbenen Tüten und mache mich an den Genuß von Malz- und Honigbonbons. Aber weder Malz noch Honig und schon gar nicht mein Hals können etwas für die Erhaltung unseres Volksstammes bewirken. Was soll ich jetzt tun? Noch einmal nehme ich die Anzeige, die ich mir ausgeschnitten habe, zur Hand. Dabei werde ich auf einen kleinen, umrandeten Teil der Anzeige aufmerksam. Darin ist vermerkt: ‚Ausschneiden und in der Apotheke vorlegen!' Darunter steht: ‚Bitte, geben Sie mir eine Flasche Sexi-Potenzkraft!' Das ist die Lösung. Ich brauche nichts zu sagen. Stumm werde ich dem Apotheker diesen Abschnitt überreichen. Stumm wird er mich bedienen, und stumm werde ich die Apotheke wieder verlassen. Ich reiße den Abschnitt, der die Größe einer Briefmarke hat, aus der Anzeige heraus und stecke ihn griffbereit in meine Jackentasche. Dann begebe ich mich zur nächsten Apotheke.

Dort nehme ich den dritten Anlauf. Freundlich fragt mich der Apotheker nach meinen Wünschen. Ich lange in meine Jackentasche. Verflixt, wo ist der Abschnitt? Die Tüten mit den Honig- und Malzbonbons sind aufgegangen. Irgendwo zwischen einhundert klebrigen Zuckerklümpchen muß der Zettel sein. Ich stapele Honig- und Malzberge auf den

Ladentisch. Entsetzt, fragt mich der Apotheker:
„Haben Sie eine Reklamation?"
„Nein, nein", murmele ich, „ich suche nur das Rezept."
Endlich habe ich den Schnipsel gefunden. Er ist klebrig und elendig zusammengepappt. Ich überreiche ihn dem Apotheker. In diesem Moment betreten mehrere Kunden den Laden. Alle stehen um mich herum. Der Apotheker versucht mit spitzen Fingern, den zusammengeklebten Fetzen auseinanderzufummeln. Alle sehen interessiert zu. Endlich hat er den Schnipsel entfaltet. Durch die klebrige Zuckermelasse muß die mikroskopisch kleine Schrift gelitten haben. Er bemüht sich vergeblich, die Rezeptur zu entziffern. Deshalb ruft er Hilfe herbei:
„Fräulein Baumann, kommen Sie bitte mal!"
Fräulein Baumann erscheint.
„Fräulein Baumann, können Sie das entziffern?"
Die Spannung auf die Lösung dieses Geheimnisses hat inzwischen alle Anwesenden erfaßt. Fräulein Baumann kann entziffern und verkündet strahlend und lautstark:
„Der Herr möchte eine Flasche Sexi-Potenzkraft!"
Ein Raunen geht durch die Menschenmenge. Die anwesenden Herren grinsen, daß man ihre Ohren nicht mehr sieht. Die Damen versuchen, näher an mich heranzukommen. Ich bin wie gelähmt. Mein Gehirn hat abgeschaltet. Vor lauter Verlegenheit stopfe ich mir die Malz- und Honigbonbons in den Mund.
„Na also", sagt der Apotheker und wiederholt, da-

mit auch bei keinem der Anwesenden ein Irrtum aufkommt:
„Eine Flasche Sexi-Potenzkraft!"
Dann betrachtet er mich abschätzend und kommt zu der Diagnose:
„Sie möchten sicherlich eine Kurgroßpackung mit Dopplereffekt!"
Halb erstickt an der Malzhonigmischung und zur Schandsäule erstarrt, kann ich nur noch nicken.
Fräulein Baumann kommt lächelnd mit der völkervermehrenden Kraftbrühe an, zwinkert mir verständnisvoll zu und verlangt:
„Einmal Sexi-Potenzkraft, Kurgroßpackung mit Dopplereffekt, sechsundfünfzig Mark und achtzig Pfennig!"
Meine Hände zittern. Meine Brille ist beschlagen. Ich raffe Wechselgeld, Sexi-Potenzkraft sowie die letzten Klebebonbons zusammen und wanke zur Tür. Drei Damen folgen mir auf den Fersen.
Nun sitze ich zu Hause und studiere die Gebrauchsanweisung meines auf so dramatische Weise erworbenen Zeugungsmittels. Eine halbe Stunde vorher soll ich einige wenige Tropfen einnehmen. Aber wer weiß schon, wann vorher ist? Um mich von der Wirkung zu überzeugen, entschließe ich mich, gemäß der Gebrauchsanweisung zu verfahren. Sozusagen als Trockenkursus. Nichts! Vielleicht waren es zu wenige Tropfen? Ich steigere die Dosis auf die sechsfache Menge. Selbst nach einer Stunde rührt sich bei mir immer noch nichts. Hol's der Henker! Entschlossen leere ich die ganze Flasche. Dann warte ich zwei Stunden auf Lustgefühle und Mannes-

kraft. Vergeblich. Es ist aus! Unser Volk ist zum Untergang verdammt!
Die einzige Hoffnung, daß sich unser Volk doch noch existent erhält, richtet sich nun auf die Anbieter dieser Wundermittel. Sie sind die einzigen, die sich wie die Karnickel vermehren. Bei ihnen haben sich diese nicht menschen-, sondern geldvermehrenden Wundertropfen millionenfach bewährt!

Wie produziert man Streß?

Dazu muß man wissen, daß der Streßfaktor absolut neutral ist. Was für den einen bereits Streß ist, ist für den anderen Lebensschwung. Nehmen wir ein Beispiel: Sie erwachen morgens um 8.55 Uhr. Ist das Streß? Nein. Nun aber wird es Ihnen siedendheiß bewußt, daß sie pünktlich um 9.00 Uhr an Ihrem Arbeitsplatz sein müssen. Jetzt kommt es darauf an, wie Sie reagieren. Wenn Sie, wie von der Tarantel gestochen, aus dem Bett springen, dann produzieren Sie Ihren ganz privaten, ureigenen Streß. An einem Sonntag dagegen, hätten Sie für die gleiche Uhrzeit nur ein müdes Gähnen übrig. Wenn Sie sich, obwohl es ein Arbeitstag ist, auf Ihre andere Schlafseite drehen, haben Sie den Streß besiegt. Sie bekunden einen gesunden Lebenswillen. Es kommt nur auf die richtige Einstellung an.
Das gilt für Hausfrauen und Mütter ebenso. Ich denke da an die streßgefährdete Mutter meines zwölfjährigen Sohnes. Wenn sie sein Zimmer betritt, muß sie feststellen, daß es darin aussieht wie nach einer Explosion. Noch könnte sie dem Streß ausweichen. Aber sie denkt nicht daran. Sie wird vor Empörung feuerrot, und zornentbrannt brüllt sie die Frucht ihres Leibes an:

„Sofort räumst du dein Zimmer auf!"
Ihr Sohn, der bis zu diesem Augenblick mit sich, der Welt und seinen persönlichen Ordnungsansichten in friedlicher Übereinstimmung lebt, wird plötzlich, unvermutet und völlig unnötigerweise von seiner Mutter gestreßt. Seine Reaktion ist dementsprechend. Er brüllt zurück:
„Nein, ich gehe mit Heinz Rollschuhlaufen!"
Statt sich über das Gebrülle ihres Sohnes zu freuen, da er darin seinem von ihr geliebten Vater ähnelt, setzt sie alles daran, daß er die gleiche Managerkrankheit bekommt, die sein Vater schon hat. Das wird sie mit noch lauterem Gebrülle leicht erreichen:
„Schluß damit! Du kommst erst aus dem Haus, wenn hier Ordnung herrscht!"
Nichts fördert den Streß mehr als einseitiger Druck, verbunden mit unspezifischen Anordnungen. Denn was heißt hier schon Ordnung? Darunter verstehen Mann und Frau gänzlich verschiedene Dinge. So wie hier Mutter und Sohn. Beide versuchen sich das zur gleichen Zeit klarzumachen. Selbstverständlich brüllend. Sonst wäre der Streß gefährdet. Als Finale einer Streßsituation empfiehlt es sich, mit irgend etwas zu schmeißen. Dieser Höhepunkt ist besonders wirkungsvoll. Natürlich nur für den, der schmeißt. Deshalb tun es im Regelfall auch beide. Die Mutter knallt wütend die Tür ins Schloß, und ihr Sohn pfeffert seine Rollschuhe an die Wand. Streß in Wechselfunktion. Den hätte die Mutter leicht vermeiden können. Damit ihr Sohn aufs Wort gehorcht, hätte sie nur sagen müssen: „Michael,

räumst du jetzt dein Zimmer auf oder nicht?"
Dann hätte Michael sein Zimmer aufgeräumt. Oder nicht. Kein Streß! Nun rennt die Mutter zu ihren Kopfschmerztabletten und der Sohn zu seinem Vater. Vater und Sohn wissen jedoch, wie man Streß vermeidet:
„Pa, hilfst du mir mein Zimmer aufräumen, oder darf ich Rollschuhfahren gehen?"
„Geh' du nur Rollschuhlaufen."
Das ist alles. Kein Streß, keine Nervosität, kein Gebrülle. Es geht ganz leicht, man muß es nur wollen. Die Mutter aber weiß, daß Streß allein, ohne Gesellschaft, nicht den richtigen Spaß macht. Man braucht dazu einen Partner. Dabei spielt es keine Rolle, ob der auch gestreßt ist. Man braucht ihn nur entsprechend zu reizen, und sein Organismus wird entsprechend reagieren. Deshalb kommt die Mutter, nachdem sie sich mit zwei Kopfschmerztabletten gestärkt hat und ihren ersten Partner, ihren Sohn, schmerzlich vermißt, zu dessen Vater. Der ist ebenso ahnungslos wie zuvor sein Sohn. Er sitzt friedlich, an seiner Pfeife nuckelnd, am Schreibtisch, um fröhliche Geschichten zu Papier zu bringen. Ohne die geringste Absicht, über den Streß zu schreiben. Bis die gestreßte Mutter seines Sohnes, auf der Suche nach einem geeigneten Partner, bei ihm erscheint:
„Wo ist Michael?"
„Zum Rollschuhlaufen. Er hat mich gefragt."
Ein besonderes Merkmal streßgeschädigter Menschen ist ihre Ungeduld, die Streßsituation zu produzieren. Jede sachliche Antwort wird sie nur ver-

anlassen, ihre Bemühungen zu verstärken. Man könnte ebensogut versuchen, eine bereits gezündete Höllenmaschine zu entschärfen.
,,Willst du mir mal sagen, was das soll? Ich verbiete es ihm, und du läßt ihn laufen! Feine Erziehungsmethoden sind das!''
,,Das habe ich nicht gewußt.''
,,Natürlich, du kümmerst dich ja auch um nichts! Alles muß ich alleine machen. Die Kinder erziehen, die Fenster putzen und das Unkraut im Garten jäten!''
Man wird unschwer feststellen, daß Fenster nichts mit Unkraut und beides nicht das Geringste mit Kindererziehung zu tun haben. Aber darauf kommt es der Gestreßten nicht an. Ihre eindeutige Absicht ist, gleich mehrere Bomben zu legen, um Blindgängern vorzubeugen. Dieses Verfahren ist immer von Erfolg gekrönt. Einfach weil der so mit Sprengstoff versorgte Partner sich immer für den stärksten Streß und damit für die dickste Bombe entscheiden wird.
,,Was hast du gegen Unkraut? Pusteblumen habe ich schon als Kind gern gemocht, und Gänseblümchen finde ich direkt süß.''
Mit dieser akzeptablen Erklärung hat für mich der Streßfaktor Garten ausgedient. Es kommt nur auf die richtige Einstellung an. Wer Unkraut zu seinen Lieblingsblumen erklärt, wird mit Blüten reich belohnt. Nicht belohnt wird man für diese Vernunft von der nach Streß lechzenden Mutter seiner Kinder:
,,Wenn es nach dir ginge, würde hier alles verkommen. Die Kinder, der Garten, die Fenster. Noch

nicht einmal beim Fensterputzen hilfst du mir! Dir wäre es sogar gleichgültig, wenn ich dabei aus dem Fenster fallen würde!"
Rumms! Das war die Tür, die sie zugeschmissen hat. Jetzt fühle auch ich mich gestreßt und werde ihr etwas nachschmeißen! Am besten eignet sich dazu ein wütender Blick. Mehr ist bei gestreßten Ehefrauen lebensgefährlich. Zumindest bei meiner.

Der Sozius

Sie wissen, was ein Sozius ist? Das ist der Beifahrer, der auf dem Soziussitz eines Motorrades mitfahren darf. Auf Kosten, zu Lasten und auf die Verantwortung dessen, der das Motorrad fährt. Der Sozius braucht nicht lenken, nicht bremsen, er hat nichts zu tun, außer sich am Fahrer und am Motorrad festzuklammern. Die Kraft für Fahrer und Beifahrer steckt in der Maschine. Doch wenn mehr Soziusse aufsteigen, als erlaubt sind, dann geht die Fahrt geradewegs in den Graben. Und was ist dann? Fahrer und Soziusse liegen auf der Nase, die Maschine ist nicht mehr funktionsfähig, und andere Leute, die nichts damit zu tun hatten, müssen den Karren aus dem Dreck ziehen. Woran erinnert mich das?
Es war Abend, als ich meinen Freund Wuttke traf. Er saß in unserem Stammlokal und starrte mißmutig in sein Bier. Ich setzte mich zu ihm und fragte: ,,Was ist? Ehekrach? Geht die Freundin fremd? Schulden?"
,,Quatsch! Weißt du, daß es heutzutage zu den schwierigsten Aufgaben gehört, Personalchef einer großen Firma zu sein?"
,,Was gibt es da zu klagen? Arbeitskräfte gibt es zur Zeit genug, und deine Firma ist kerngesund."

„Durch mich, mein Lieber, nur durch mich!"
„Das ich nicht lache. Personal ist ein Kostenfaktor! Gewinne werden in der Produktion und im Verkauf gemacht!"
„Doch nicht in diesem unserem Lande. Wir arbeiten nur noch fünfunddreißig Stunden in der Woche, und das zu Löhnen und Soziallasten, die einem das Wasser in die Augen treiben. Die Verkaufsabteilung verschleudert die Ware, nur um den Ramsch los zu werden. Aber meine Personalabteilung muß das alles wieder hereinbringen!"
„Das verstehe ich nicht!"
Wuttke kippte sein Bier, und dann bekam ich Unterricht in neudeutscher Personalpolitik:
„Es kommt darauf an, wen ich einstelle!"
„Das ist doch dein Job, Personen auszuwählen, die besonders qualifiziert sind."
„Unsinn, es kommt nicht auf die Befähigung an. Die staatliche Förderung ist entscheidend! Können Jugendliche etwas? Lehrlinge?"
„Lehrlinge auszubilden kostet viel Geld."
„Denkst du. Für jeden Lehrling, den ich einstelle, bekommen wir eine staatliche Beihilfe von 390,— DM im Monat."
„Und wie viele Lehrlinge hast du eingestellt?"
„Zweihundertundsechzig!"
„Donnerwetter, das sind im Jahr 1 216 800,— DM!"
„Ein Tropfen auf einem heißen Stein. Darum suche ich dringend noch entlassene Strafgefangene. Leider muß heute schon jemand einen Doppelmord begangen haben, damit die Strafe nicht zur Bewährung ausgesetzt wird. Deshalb ist die Ausbeute sehr gering."

„Du stellst entlassene Strafgefangene ein?" fragte ich voller Entsetzen.
„Natürlich, die Resozialisierung wird vom Staat finanziert. Für einen Einbrecher bekommen wir zwar nur 1 200,— DM pro Monat, aber für einen Terroristen immerhin schon 3 100,— DM. Im Durchschnitt komme ich pro Kopf auf 2 000,— DM. Nur, mehr als achtzig Haftentlassene bringe ich nicht zusammen, die Leute sind sehr begehrt."
„Alle Achtung, das sind 1 920 000,— DM im Jahr!"
„Das deckt kaum die Portokosten. Das bessere Geschäft sind ältere Arbeitslose. Wer einen Arbeitslosen, der mindestens siebenundfünfzig Jahre alt ist, einstellt, erhält einen Zuschuß in der Höhe dessen Zweijahreslohnes. Nach einem Jahr können wir ihn in Rente schicken, wenn wir an seiner Stelle einen jüngeren, ungelernten Arbeitslosen einstellen. Dessen Ausbildungskosten übernimmt dann das Arbeitsamt, und das Arbeitsamt zahlt jährlich im voraus!"
Wuttke stärkte sein angeschlagenes Seelenleben mit einem weiteren Bier, wischte sich den Mund und fuhr fort:
„Sehr ertragreich sind Mütter, weil wir dann eine ordentliche Subvention für den firmeneigenen Kindergarten bekommen. Noch besser ist es, wenn die Damen bei uns schwanger werden. Sobald sie zwei Stunden in glücklichen Umständen sind, was unser Betriebsarzt gern kostenlos feststellt, können sie nach Hause gehen. Zwei Jahre brauchen sie nicht zu arbeiten. Bei vollem Lohnausgleich, den die Krankenkasse bezahlt. Ich habe sie aus dem Betrieb und kann wieder neue einstellen."

„Dann sind weibliche Arbeitskräfte für dich besonders wertvoll?"

„Mensch, reines Gold! Da es viele Frauen gibt, die nur halbe Tage arbeiten wollen, bezahlt uns das Arbeitsamt, wenn wir solche einstellen, die Differenz zum Gehalt einer Ganztagsmitarbeiterin."

„Von diesen Sorgen eines Personalchefs hatte ich keine Ahnung."

„Begreifst du jetzt, mit welchen Problemen ich es zu tun habe? Wenn sich Arbeitskräfte vorstellen, muß ich blitzartig deren Wert errechnen und danach meine Entscheidungen treffen."

„Gibt es sonst noch Gruppen, denen du den Vorzug gibst?"

„Ja, Soldaten, die mehrere Jahre bei der Bundeswehr gedient haben. Auch Bauern, die ihren Hof aufgeben wollen. Im ersten Fall übernimmt das Bundesministerium für Verteidigung für zwei Jahre die Einarbeitungskosten und im zweiten Fall das Landwirtschaftsministerium."

„Sag mal, stellst du dann nicht aus reiner Geldgier zu viele Leute ein?"

„Natürlich! Wie sollen wir denn sonst rentabel wirtschaften? Besonders viele Studenten, weil das Ministerium für Arbeit und Soziales deren Eingewöhnung in das normale Geschäftsleben finanziert. Im Ertragswert werden sie jedoch von den Türken übertroffen."

„Türken??"

„Jeder Arbeitsplatz, den wir zusätzlich für einen Ausländer einrichten, wird von der Regierung bezahlt. Und weißt du, was so ein Arbeitsplatz kostet?

Zigtausende! Wenn wir diesen Arbeitsplatz an einen Türken vergeben, machen wir ein doppeltes Geschäft."
„Wieso das?"
„Nach seiner Einstellung überzeugen wir ihn, daß es für ihn besser ist, in sein Heimatland zurückzukehren. Dafür bekommt er eine Prämie vom Staat. Wir können dann den frei gewordenen Arbeitsplatz mit einem deutschen Mitarbeiter besetzen, wofür wir eine Prämie erhalten. Gelingt es mir, für diesen Arbeitsplatz einen Ostheimkehrer einzustellen, übernimmt das Ministerium für innerdeutsche Beziehungen die Finanzierung dieses Arbeitsplatzes."
„Dieser Arbeitsplatz ist doch schon für den Ausländer bezahlt worden."
„Das geht nicht anders. Denn das wird von zwei verschiedenen Ministerien bezahlt. Ordnung muß sein."
„Mein Gott, was würde deine Firma ohne dich machen?"
„Konkurs, mein Lieber, Konkurs. Aber dank meiner vernünftigen Personalpolitik kommen wir ganz gut zurecht."
„Dann verstehe ich nicht, warum du so eine miese Laune hast? Was willst du noch? Alle haben Arbeit, und deiner Firma geht es gut."
„Ich will nichts! Aber das Finanzamt und die Sozialämter wollen! Das kann meine Firma nicht mehr aufbringen!"
„Was jammerst du, wo soll denn das Geld herkommen, das du dir bezahlen läßt!"
„Mensch, was redest du da? Weißt du, daß wir un-

sere Steuern nicht mehr bezahlen können? 124 % Körperschaftssteuer! 98 % Gewerbesteuer! 64 % Vermögenssteuer! 44 % Grundsteuer! 89 % Sozialabgaben von unserem gesamten Lohnaufkommen, und weitere 64 % gehen an die Krankenkasse! Außerdem noch 35 % an die Arbeitslosenversicherung! Kannst du mir sagen, wo ich das herholen soll? Verdammt, alles klappte bestens, und jetzt machen uns die Staatslenker mit Steuern und Sozialabgaben kaputt! Und was ist das Ende vom Lied? Soll ich dir das sagen? Meine Firma muß dicht machen, und dann sind wir alle arbeitslos! Kannst du mir sagen, warum die da oben, die am Lenker sitzen, den Karren derartig in den Graben fahren?"
,,Ich weiß es nicht, aber vielleicht saßen zu viele auf dem Soziussitz!"
,,Und wer zieht den Karren jetzt wieder aus dem Dreck?"
,,Rate mal!"

Es muß gespart werden

Täglich ist es in den Nachrichten zu hören, unsere Bundesregierung hat nicht genügend Geld, der Staatshaushalt ist nicht gedeckt, es fehlen zehn Milliarden Mark. Der Ton, in dem der Finanzminister das bekannt macht, ist mir geläufig. Ich kenne ihn von meiner heimischen Haushaltsgeldverwalterin: „Da brauchst du mich nicht vorwurfsvoll anzusehen, mich kannst du dafür nicht verantwortlich machen, ich weiß nicht, wovon ich alles bezahlen soll, alles wird immer teurer, schließlich muß ich für uns sorgen, die Kinder kosten immer mehr, die Oma will auch leben, was man allein für die Lebensmittel bezahlen muß, da bleibt für mich nichts mehr übrig, aber dir ist es ja egal, wie es mir ergeht, wenn es nur dem Herrn gut geht. Würdest du deine Ansprüche zurückschrauben, dann könntest du deiner Familie mehr Geld geben, dann ginge es uns allen besser, aber freiwillig rückst du ja nichts heraus!"
So sind unsere Hausfrauen. Sie können mit Geld nicht umgehen, und da sie es leichtfertig ausgeben, im Gegensatz zu unseren Staatslenkern, die es unüberlegt verpulvern, fehlen unserer Regierung zehn Milliarden Mark. Glücklicherweise haben wir eine gerechte Regierung, die zwischen ihrem Geld und

dem ihrer Bürger keinen Unterschied macht. Sie sagt sich, daß Besitz den Bürger nur belastet, weshalb sie bei der Wahl versprochen hat, die Bürger zu entlasten. Darum werden sie fünfundzwanzig Millionen Hausfrauen zu Topfe bitten, und in diesen Regierungstopf hat jede Hausfrau vierhundert Mark hineinzulegen; denn zehn Milliarden Mark geteilt durch fünfundzwanzig Millionen Hausfrauen ergibt vierhundert Mark pro Hausfrau. Dieser Betrag wird somit in jedem Haushalt zuviel ausgegeben, weshalb er unserer Regierung fehlt.
Aus diesem Grunde habe ich die Mitglieder meines häuslichen Sozialstaates versammelt, um der Verschwendung Einhalt zu gebieten:
,,Ich habe euch gerufen, um die finanzielle Lage unseres Haushalts zu erörtern. So kann es nicht weiter gehen. Wir müssen einschneidende Sparmaßnahmen ergreifen. Bin ich verstanden worden?"
,,Ja, mein Schatz. Seit Jahren bekomme ich nur tausend Mark Haushaltsgeld, dabei ist inzwischen alles doppelt so teuer geworden. Nicht, daß ich zweitausend Mark will, jedoch eintausenddreihundert sollten es schon sein."
,,Ich bekomme nur zwanzig Mark Taschengeld. Ich kann mir noch nicht einmal Kaugummi kaufen!"
,,Ruhe, verdammt noch mal. Wollt ihr mich nicht verstehen? In diesem Haushalt soll nicht mehr Geld ausgegeben werden. In diesem von mir subventionierten Haushalt wird zuviel Geld ausgegeben! Es muß drastisch gespart werden!"
Die Augen meiner Frau, die mich gewählt hat, verfärben sich grün, und gleichzeitig sieht sie rot! So ist

das in jeder Wählergemeinschaft. Will man an deren Geld, ist der gleiche Trend zu beobachten. Jetzt heißt es schnell reagieren, bevor sich der Wählerprotest krawallartig entlädt:
,,Das habe nicht ich gesagt, das haben andere festgestellt!"
Ihre Augen bleiben zwar grün, aber der rote Trend ist zunächst gestoppt.
,,Und wer, du Riesenroß, sagt das?"
,,Herr Kohl!"
,,Was? Dieser hochnäsige, selbstgefällige Bursche? Der soll lieber auf seine eigene Frau aufpassen. Die hat doch alle zwei Tage ein neues Kleid an, dagegen laufe ich seit drei Jahren in denselben alten Fummeln herum! Seit wann redest du denn mit den Kohls von gegenüber? Und wieso wissen die, was ich ausgebe?"
,,Ich rede nicht von den Kohls von gegenüber, ich rede von deinem Bundeskanzler Helmut Kohl!"
,,Und der weiß, was ich ausgebe?"
,,Ja, zuviel!"
,,Und woher, mein Schatz, will er das wissen?"
,,Weil ihm das Geld fehlt, das du zuviel ausgibst!"
,,Und wieviel hätte der Herr Bundeskanzler gerne?"
,,Zehn Milliarden Mark!"
Gott sei Dank, der Bann ist gebrochen, meine Haushaltsexpertin muß schallend lachen. Anscheinend kann die Haushaltsführung unserer Bundesregierung bei einer schlichten deutschen Hausfrau nur noch Gelächter hervorrufen. Aber das Lachen wird ihr noch vergehen. Das walte Kohl!

„Natürlich nicht nur von dir. In jedem deutschen Haushalt, und davon gibt es fünfundzwanzig Millionen, werden vierhundert Mark zuviel ausgegeben. Deshalb muß auch bei uns das Haushaltsgeld von tausend auf sechshundert Mark gekürzt werden. Fangen wir bei den zwanzig Mark von Michael an. In Zukunft gibt es nur noch zwölf Mark!"
„Das lasse ich mir nicht gefallen. Immer bei den Kleinen geht das Sparen los. Dabei laufe ich doch schon zur Schule, damit ich wenigstens noch das Fahrgeld für mich habe. Das ist nicht gerecht! Warum ich? Nimm doch mal das fette Taschengeld von Veronika unter die Lupe. Die bekommt jeden Monat fünfzig Mark!"
„Darauf wollte ich gerade zu sprechen kommen. Veronika bekommt natürlich nur noch dreißig Mark!"
„Was? Das ist doch die Höhe! Die ärmsten und bedürftigsten Familienmitglieder sollen mal wieder die ganze Last der Sparmaßnahmen tragen. Gerade, daß ich mir mal eine Schallplatte kaufen kann. Jetzt fällt das auch noch weg. Und warum muß ausgerechnet ich in meinem Unterhaltungsprogramm beschnitten werden? Warum nimmst du dir nicht mal Oma vor? Die geht jeden Tag ins Café zu ihren Tanten und stopft sich mit Kuchen und Sahne voll. Das ist sowieso nicht gesund!"
„Richtig, ich habe schon lange den Eindruck, daß hier viel zuviel Geld für Konsum und Luxus ausgegeben wird. Oma, es ist Schluß mit Torte und Sahne. Von jetzt an bleibst du zu Haus und wirst Quark und Yoghurt essen."

„Das ist eine Gemeinheit! Das kannst du mir nicht verbieten! Der Kaffeeklatsch mit meinen Freundinnen ist alles, was ich vom Leben noch habe. Ich weiß, ich bin alt, mit uns Rentnern kann man es ja machen, da ist jeder Pfennig zu schade. Nur noch im Haushalt arbeiten, das darf ich. Für deine Frau, da ist nichts gut genug! Mit der machst du schöne Reisen, während ich die Kinder versorgen muß. Die bekommt alles von dir, ich bin ja nur die alte Oma!"
„Oma, in einem hast du recht. Mir scheint, daß du mein Schatz, viel zuviel Geld für Kleider, Kosmetik und anderes überflüssiges Zeugs ausgibst!"
„Mein lieber Schatz, da irrst du dich gewaltig! Von mir ist kein Pfennig zu bekommen! Entweder gehen die Preise runter oder das Haushaltsgeld rauf! Anscheinend kannst du oder dein Herr Kohl nicht rechnen!"
„Was Herrn Kohl angeht, der verläßt sich, was das Rechnen betrifft, auf seinen Finanzminister."
„Dann sage deinem Herrn Kohl, er soll sich eine Finanzministerin zulegen! Eine, die Hausfrau war, Hausfrauen können rechnen!"
„Ja, mit dem Geld, das sie haben. Unser Finanzminister muß mit dem Geld rechnen, das er nicht hat!"
„Mein lieber Schatz, vierhundert Mark von fünfundzwanzig Millionen Hausfrauen sind zwar zehn Milliarden Mark. Wenn diese das aber jeden Monat aufbringen, dann sind das im Jahr hundertzwanzig Milliarden Mark! Demgemäß mußt du die vierhundert Mark noch durch zwölf teilen, dann sind das

im Monat nur noch dreiunddreißig Mark und dreiunddreißig Pfennig. Die, das kannst du deinem lieben Helmut Kohl sagen, kann ich ihm nicht geben, das ist der Betrag, den ich einmal im Monat für den Friseur brauche!"

„Lieber unfrisierte Frauen als einen frisierten Staatshaushalt!"

„Wenn du das Pfeiferauchen aufgeben würdest, abends kein Bier mehr trinken, und auf deinen Stammtisch verzichten würdest, könntest du die dreiunddreißig Mark und dreiunddreißig Pfennig dicke zusammen bringen. Ich weiß nicht, ob Herr Kohl das Geld auch von dir annehmen wird, mit mir braucht ihr beide jedenfalls nicht zu rechnen, was euch das Rechnen sehr erleichtern wird. Jetzt werde ich mich um meinen Haushalt kümmern. Mit dem habe ich bereits genug Arbeit, ohne daß ich mir noch den Kopf über den Haushalt des Herrn Kohl zerbrechen muß!"

Kein Tabak? Kein Bier? Kein Stammtisch? Da sieht man wieder, daß unsere Hausfrauen nicht volkswirtschaftlich denken können. Bei der derzeitigen Tabak- und Branntweinsteuer würden der Regierung sofort weitere zehn Milliarden Mark fehlen. Das ist doch keine Lösung. Also, es tut mir leid, so wie die Dinge in meinem Hause liegen, wird Helmut Kohl unsere dreiunddreißig Mark und dreiunddreißig Pfennig seiner Hannelore vom Haushaltsgeld abziehen müssen. Aber das wird er nicht wagen, Hannelore will ja auch mal zum Friseur.

Haben Sie schon einen Talisman?

Wir sind eine moderne Generation. Die Zeit der Zaubersprüche ist vorbei. Von zehn erwachsenen Personen bejahen heute nur noch zwei den Zusammenhang zwischen einem Amulett und ihrem Schicksal. Weitere drei begrenzen diesen Einfluß auf ihre Person und die Weltereignisse. Die restlichen fünf sind der Meinung, daß ein Talisman sich nur von mittwochs bis freitags und von samstags bis dienstags auf ihr Leben auswirkt.

Auch ich lehne jeden Aberglauben ab. Natürlich gehe ich niemals unter einer Leiter her. Genauso wie ich umkehre, wenn mir eine schwarze Katze über den Weg läuft. Auch ist es besser, am Freitag, dem Dreizehnten, zu Hause zu bleiben und bei bestimmten Anlässen auf Holz zu klopfen. Das ist kein Aberglaube, das sind vorbeugende Maßnahmen. Ebenso wie es nicht schaden kann, einen Schornsteinfeger zu berühren oder zur richtigen Zeit toi, toi, toi zu sagen.
Besonders ist zu beachten, daß wir schädlichen Strahlen ausgesetzt sind, die Rheuma, Gicht und andere Krankheiten auslösen. Darum muß man ein sauerstoff-freies, leitungsfähiges Kupferarmband

tragen. Das Kupfer lenkt die Strahlen ab. Alle Personen, die bei uns vom Blitz erschlagen wurden, hatten es versäumt, so ein Armband zu tragen. Wenn dieses Armband außerdem noch magnetisiert und mit glückverheißenden Steinen besetzt ist, wird es sogar zum Glücksbringer. Leider macht es gegen radioaktive Strahlen nicht immun.

Als ein vom Glück begünstigter Armbandträger traf ich den griesgrämigen Weber. Auf meine Frage nach dem Grund seiner miesen Stimmung antwortete er unwirsch:
„Ich habe nur Pech! Meine Frau will sich scheiden lassen, mein Wagen ist zu Schrott gefahren, und meine Bank verweigert mir jeden weiteren Kredit!"
„Ihnen fehlt der richtige Talisman. Mit diesem Glücksarmband stehe ich unter dem direkten Schutz der großen Mächte. Mir kann nichts widerfahren, solange ich das Amulett trage. Es vertreibt die bösen Geister, hält Krankheit und Hunger von mir fern und bewahrt mich vor Unglück und Elend."
„Und Sie glauben, das hilft?"
„Mein lieber Weber, dieses Armband ist ein magisches Quadrat. Es verfügt über geheimnisvolle, übernatürliche Kräfte. Der Träger wird zum Schoßkind des Glücks, er wird goldene Zeiten erleben und mit einem silbernen Löffel im Mund herumlaufen."
„Leihen Sie mir das Armband!"
„Niemals, ich bin doch nicht lebensmüde!"
„Sind Sie nun mein Freund oder nicht? Nur zwei Tage. Vielleicht hilft es."
Schweren Herzens leistete ich ihm diesen Freund-

schaftsdienst. Weber verschwand mit meinem Lebensschutz. Sicherheitshalber blieb ich an diesen zwei Tagen zu Hause. Dann kam Weber zu mir.
,,Sie waren mein Retter. Das Ding hat geholfen. Meine Frau hat sich mit mir ausgesöhnt, der andere Unfallbeteiligte muß meinen Autoschaden bezahlen, und meine Bank hat nachgegeben. Was wollen Sie für das Armband haben? Ich kaufe es Ihnen ab."
,,Ich verkaufe es nicht!"
,,Stellen Sie sich nicht so an. Sie können sich ein neues besorgen. Ich gebe Ihnen hundert Mark!"
,,Nein!"
,,Also gut. Zweihundert!"
Verflixt. Sechzig Mark hatte ich bezahlt. Wenn ich mir ein neues besorgen würde, hätte ich einhundertvierzig Mark verdient. Kein schlechtes Geschäft.
,,Einverstanden."
Als glücklicher Mensch verschwand Weber mit meinem segenbringenden Armreif. Ich machte mich schnellstens auf den Weg, um Ersatz zu besorgen.
Abends bekam ich den Besuch eines mir unbekannten Herrn. Er bezog sich auf eine Empfehlung von Weber und wollte ein Glücksarmband zum Preise von zweihundert Mark. So verdiente ich zum zweitenmal einhundertundvierzig Mark.
Am nachfolgenden Tag ging ich wieder zu meinem Armbandverkäufer. Dieser betrieb in einem winzigen Laden den An- und Verkauf aller möglichen Dinge. Seufzend überlies er mir noch ein Armband. Die Beschaffung dieser Glücksbänder sei, so sagte er, enorm schwierig. Er würde sie direkt von der Toch-

ter Mohammeds, der heiligen Fatima, erhalten. Auf meinem Heimweg kam ich an jungen Leuten vorbei, die auf dem Gehweg allerlei Schmuck feilboten. Modeschmuck, Kettchen, Ringe und Armreifen. Ich traute meinen Augen nicht. Da lagen die mystischen Armbänder. Dabei hatten diese sympathischen, jungen Menschen nicht die geringste Ahnung von der Zauberkraft dieser Bänder. Ohne zu zögern, erwarb ich den gesamten Bestand. Stück für Stück nur neunzehn Mark. Zu Hause wartete auf mich die nächste Überraschung. Vier Interessenten waren erschienen, um jeweils zweihundert Mark zu investieren. Am nächsten Tag waren es bereits acht Personen, die ihrem Glück auf die Sprünge helfen wollten.
Durch die rasche Umsatzentwicklung waren die jungen Straßenhändler als Lieferanten überfordert. Heute beziehe ich diese Glücksbringer direkt vom Ursprungsort. Zwar nicht von der Tochter Mohammeds, sondern von den Töchtern Nippons. Mein Ruf als Spezialist für Glücksarmbänder ist inzwischen international bekannt. Herbert von Karajan trägt es, wie man leicht beobachten kann, am linken Handgelenk. Dagegen trägt es James-Bond-Darsteller Roger Moore rechts. Leonard Bernstein verlangte sogar eine edelsteinbesetzte Sonderausführung. Die Wirkung der Armbänder ist an diesen Persönlichkeiten deutlich zu beobachten. Keiner von ihnen wurde bisher vom Blitz erschlagen. Dagegen sind sie vom Glück begünstigt und mit allen Gütern dieser Erde gesegnet. Genau wie ich. Dank der Glücksarmbänder. Sonderpreis für meine Leser 199,80 DM, zuzüglich Nachnahme und Portokosten.

Trimm dich fit

Jetzt hat die Sportwelle ein Ausmaß angenommen, daß jeder, der sich nicht daran beteiligt, zum Außenseiter wird. Ich spreche von der ‚Iß- und Trimm-dich-fit-Welle'. Die Auswirkungen dieser Epidemie bekam ich beim Familienfrühstück zu spüren.
Ich bat meine Treusorgende freundlich, mir die Marmelade herüberzureichen, worauf ich zu hören bekam, ich möge sie gefälligst nicht so anschreien. Als ich mir dann, wie gewohnt, vier Löffel Zucker in den Kaffee häufte, kam es zur zweiten Eruption meines angeheirateten Vesuvs:
,,Du solltest lieber Süßstoff nehmen! Jeder Löffel Zucker enthält. . .''
Den Rest habe ich nicht verstanden, es war irgend etwas mit 2000 Kilowattampère. Anschließend erfuhr ich von meiner Treusorgenden, daß sie sich, außer von meinem Geld, nur noch von sogenannten Mopsbrötchen ernähre, die sie sich aus den Zutaten Sägemehl, Häcksel und feingestoßenen Eierschalen, selber herstelle. Diese Brötchen hätten den Vorteil, daß sie davon einerseits nicht dick, andererseits auch nicht satt würde. Gegen den Hunger tränke sie einen speziellen Tee. Zwar würde der auch nicht sättigen, aber dafür das gesamte Wasser aus dem Kör-

per treiben. Der Körper würde sozusagen gesundgetrocknet. Sobald das bei ihr erreicht sei, hätte sie auch keinen Hunger mehr.
Nachdem sie diese Mopsdiät mit eiserner Energie drei Tage durchgehalten und tatsächlich siebenundvierzig Gramm abgenommen hatte, kannte ihr Jubel keine Grenzen:
„Ich fühle mich um zwanzig Kilo leichter!"
Seitdem beherberge ich in meiner Wohnung eine schwebende, ehemalige Jungfrau.
Dann kam, publiziert durch das Fernsehen, die Aerobic-Welle. Diese verlangt, daß jeder wie auch immer geartete Mensch möglichst mehrmals am Tage, durch leichtfüßige Betätigung, seine sämtlichen Pulsadern auf einhundertdreißig Stundenkilometer bringt. Wer das bis ins hohe Alter praktiziere, würde garantiert nicht in seiner Jugend sterben. Als Beweis für diese weltweite Massenbewegung brachte das Fernsehen Aufnahmen aus Amerika. Es wurden Menschen gezeigt, die bei fünfundzwanzig Grad Frost leichtfüßig an einer Bushaltestelle herumsprangen. Dann folgten Aufnahmen aus China, dort waren sechs Milliarden Chinesen statt mit dem Auto mit dem Fahrrad unterwegs. Aus unserem Land erschien auf der Mattscheibe der deutsche Familienminister, der, obwohl kein Chinese, das Klapprad stets im Kofferraum seiner Staatslimousine liegen hat.

Dank des Sägemehls wurde meine eheliche Hungerleiderin inzwischen schlank wie eine Tanne, dagegen habe ich immer noch den Umfang einer hundertjäh-

rigen deutschen Eiche. Meine Tochter Veronika sprach das aus, was ihre Mutter dachte:
„Papi ist zu dick! Papi sollte Sport treiben!"
Nun bin ich ein ausgesprochener Sportmuffel, große Sprünge kann ich mir nicht leisten, allenfalls mal einen Seitensprung.
„Du solltest dich mehr bewegen! Deinen Puls auf hundertdreißig bringen!"
Dieser Vorschlag kam von meiner leichtfüßigen, schwebenden Tanne. Dabei sollte sie eigentlich wissen, daß meine Familie meinen Puls mehrmals am Tage sogar auf hundertachtzig bringt. Sollte das noch nicht reichen, so brauche ich mir nur meine Steuerveranlagung anzusehen. Danach ist mein Puls nicht mehr meßbar, weil mir das Blut in den Adern stockt.
„Papi sollte Jogging treiben!"
Diesmal ein praktischer Vorschlag meines Sohnes.
„Mache ich bereits. Ich laufe seit sechzehn Jahren deiner Mutter und meinen in dieser Familie verloren gegangenen Idealen nach!"
„Schluß jetzt, von morgen an treibst du Frühsport! Du brauchst nur den Radiowecker anzustellen und zu tun, was darin angesagt wird!"
„Fünf Minuten Frühsport zu fröhlicher Musik? Nach der Stimme einer reizenden Ansagerin? Das mache ich."
„Es genügt, wenn du dich bewegst! Die reizende Ansagerin kannst du dir sparen! Wenn sie dich sehen könnte, blieben ihr die Kniebeugen im Halse stecken!"
Am anderen Morgen, direkt nach dem Aufstehen,

so gegen elf Uhr, stellte ich den Radiowecker an. Ich hörte mir geduldig die Mittagsnachrichten, den Landwirtschaftsbericht, die Pegelstände und die Börsennachrichten an. Auch in der anschließenden Bundestagsdebatte war keine fröhliche Stimme zu hören. Alle meine Beteuerungen, daß ich daran vollkommen schuldlos sei, stießen bei meiner Familie auf taube Ohren. Es wurde beschlossen, eine Musik-Kassette mit Anweisungen für Gymnastikübungen zu kaufen. Das würde mich vom Radioprogramm unabhängig machen.
Fröhlich schaltete ich am nächsten Morgen den Recorder ein. Eine sadistische Männerstimme gab den Befehl:
,,Setzen Sie sich auf einen Stuhl!"
Ich schaffte es ohne Anstrengung.
,,Nun umfassen Sie mit der rechten Hand ihren rechten Fuß!"
Ich schaltete den Recorder aus, um unter meinem Bauch nach meinem rechten Fuß zu suchen. Dank meines Spürsinns gelang dieser Vorgang. Mit der linken Hand schaltete ich den Recorder wieder ein.
,,Führen Sie nun ihren rechten Fuß an Ihr linkes Ohr!"
Obwohl ich meinen rechten Fuß sogar bis an meine linke Kniescheibe brachte, beharrte dieser Sadist stur auf seiner Forderung mit dem linken Ohr. Um ihn nicht zu enttäuschen, schnitt ich mir das linke Ohr ab. Danach ging es ganz leicht. Aber, er trieb mich weiter:
,,Stehen Sie auf!"
Ich kam seiner Aufforderung unverzüglich nach.

„Machen Sie mit durchgedrückten Knien eine Rumpfbeuge, und berühren Sie mit den Fingerspitzen ihre Zehen. Entspannen Sie sich dabei."
So sehr ich mich auch entspannte, meine Zehen und Fingerspitzen blieben verkrampft. Sie hatten sich entfremdet.
„Legen Sie nun den rechten Arm über die linke Schulter und den linken Arm hinter Ihren Rücken, so daß Ihre Fingerspitzen sich berühren!"
Meine Rechte suchte hinter meinem Rücken die Linke. Doch das, was Politikern spielend gelingt, blieb mir verwehrt.
„Legen Sie sich nun lang ausgestreckt mit dem Bauch auf den Boden. Stemmen Sie sich mit den Armen vom Boden ab. Zehn Mal!"
Ich tat wie geheißen, kam aber wegen meines Bauches mit meinen Händen nicht bis auf den Fußboden. Jetzt reichte mir diese sadistische Menschenschinderei. Ich hechtete hoch, riß noch im Sprung die Kassette aus dem Recorder, und bevor der Sadist wußte, wie ihm geschah, hatte ich ihm das Band entrissen und ihn damit erdrosselt.
Statt mich als Helden zu feiern, brachte mir meine Familie nur Verachtung entgegen und das Buch ‚Spring dich fit' mit dazugehörigem Sprungseil. Ich schlug das Buch auf und las:
‚Nehmen Sie das Seil in beide Hände, und führen Sie mit den Händen eine Drehbewegung aus, so daß das Seil um Ihren Körper rotiert. Laufen Sie dabei über das Seil, bei jeder Umdrehung einen Fuß, erst linker Fuß, dann rechter Fuß usw.'
Ich schaffte es spielend. Drehung aus der Hand und

das Seil landete, wenn auch für mich unsichtbar, vor meinen Füßen. Ich setzte den linken Fuß vorsichtig darüber, drehte dann weiter und riß mir den rechten Fuß ab. Ich versuchte in dem Buch eine Erklärung dafür zu finden. Nichts! Bis mir auffiel, daß eine Frau dieses Buch geschrieben hatte. Wahrscheinlich auch nur für Frauen. Bei diesen Geschöpfen funktioniert ja vieles anders als bei Männern. Vielleicht laufen Frauenfüße synchron wie bei den Känguruhs, womit ich nichts gegen Känguruhs gesagt haben will.

,,Schließen Sie nun die Füße aneinander, lassen Sie das Seil rotieren, und springen Sie mit beiden Füßen über das Seil."

Endlich etwas Verständliches. Ich ließ das Seil rotieren, wuchtete einhundertachtzig Pfund plus Mehrwertsteuer hoch und war schneller als das Seil wieder auf dem Wege abwärts. Dieser Trend endete eine Etage tiefer in unserem Wohnzimmer. Meine Familie starrte mich wortlos an. Dann wandten sich alle von mir ab. Ich war verfemt. Ich war nicht mehr ‚in' und damit für meine Familie untragbar. Wenn jemand nicht mehr ‚in' ist, dann ist er eben ‚out'! Schmerzlich wurde mir bewußt, daß ich meiner Familie diese Schande nicht zumuten durfte. Ich nahm das Seil, das immer noch rotierte, und ging damit ins Badezimmer, um mich am Fensterkreuz zu erhängen. Selbst das mißlang mir. Unser Badezimmer hatte kein Fenster.

Branchenchinesisch

Jeder Beruf hat seine speziellen Fachausdrücke. Jeder Berufsstand berücksichtigt deshalb die Unkenntnisse der Laien und verschont sie mit Begriffen, die sie nicht verstehen. Mir sind sogar die Auswirkungen einer Atombombenexplosion verständlich gemacht worden, ohne daß ich vorher die Formeln für die Spaltung von Atomkernen erlernen mußte. Nur eine Berufsgruppe gibt es, die von ihren Kunden ein abgeschlossenes Hochschulstudium der Humanmedizin und die Beherrschung der lateinischen Sprache verlangt. Ich spreche von den Arzneimittelherstellern. Was soll ich davon halten, wenn ich in der Gebrauchsinformation zu einem ihrer Medikamente folgendes lese:

‚Superqualzin enthält das Pyrazolon Derivat Metamizol und besitzt das lebensbedrohende Risiko der Agranulozytose. Superqualzin darf nicht von Patienten mit Propyphenazon-Überempfindlichkeit genommen werden. Anwendungsgebiete: Lumbago, Morbus und Bechterew. Gegenanzeige: Bei Glucose-6-Phosphat-Delydrogenose-Mangel und bei Porphysie sowie Zystostatika.‘

Diese Pillen müßte ich in dem blinden Vertrauen schlucken, es wird schon gut gehen. Wie ich auch nur hoffen kann, daß es bei den Atombomben Blindgänger geben wird.

In unserer Küche sitzt Oma mit ihrer Tochter und ihren Enkeln Veronika und Michael um den Küchentisch. Vor Oma steht eine Medizinpackung, und meine Küchenchefin studiert die Gebrauchsinformation. Alle machen einen ratlosen Eindruck.
,,Na, was gibt es denn?"
Oma muß nach dem Abendessen ihre Nerventabletten einnehmen, und wir wissen nicht wie."
,,Schlucken, liebes Kind, ganz einfach schlucken, so, wie ich in dieser Familie auch alles hinunterschlucke."
,,Darum geht es nicht. Hier steht, die Dosierung hat einschleichend zu erfolgen. Was bedeutet das?"
,,Wir müssen Oma die Tabletten heimlich geben!"
Das war mein Sohn mit der klaren Logik seiner zwölf Jahre.
,,Wollt ihr damit sagen, wir müssen sie Oma heimlich in den Kaffee tun?"
,,Kaffee wäre gut für meinen Kreislauf, sagt der Doktor."
,,Hat dir der Arzt nicht gesagt, wie du das einnehmen sollst?"
,,Das stände in der Bedienungsanleitung, sagt der Doktor."
,,In der Gebrauchsanweisung, Oma. Schatz, gib den Wisch her. Na also, einschleichend, meine Herrschaften, das heißt erst wenig und dann immer mehr."
,,Aber wieviel?"

„Pro Kilogramm Körpergewicht zwei Milligramm, und das wird allmählich bis auf zehn Milligramm gesteigert. Oma, wieviel wiegst du?"
„Fünfundsiebzig Kilo."
„Jetzt muß ich rechnen. 75 Kilo mal 2 Milligramm das sind 150 Tabletten, oder 75 Kilo mal 10 Milligramm gleich 750 Tabletten. Ist jetzt alles klar?"
„Das ist doch Unsinn! Hier steht, Erwachsene nehmen maximal 720 Milligramm pro Tag. Alterspatienten 240 Milligramm."
„Dann muß erst geklärt werden, ob Oma als Alterspatientin gilt oder ob sie endlich erwachsen ist."
„Wilhelm-Mathias, Oma ist keine Alterspatientin!"
„Oma ist alt!"
Wieder das logische Urteil meines Sohnes.
„Ich bin nicht alt. Ich bin noch richtig jugendlich, sagt der Doktor."
„Omas sind immer alt!"
„Michael halte den Mund!"
Das war seine Mutter, unsere Familienregierung. An solchen Vorschriften sind Regierungen immer zu erkennen.
„Also, Oma, was bist du nun, alt, jung oder erwachsen?"
„Wilhelm-Mathias, du sollst Oma in Ruhe lassen. Wieviel Tabletten muß sie einnehmen?"
„Wenn wir von 75 Kilo Körpergewicht ausgehen, dann sind 240 Milligramm mal 75 Kilo gleich 18 000 Gramm, wenn wir drei Stellen abstreichen, dann sind das achtzehn Tabletten."
„Wilhelm-Mathias, hier auf der Dose steht, jede Tablette beinhaltet 240 mg. Dann darf Oma doch

nur eine Tablette einnehmen!"
„Ist sie schon so alt?"
Mein Sohn ist unübertrefflich.
„Ist die Tablette auch nicht schädlich? Ich soll mich biologisch ernähren, sagt der Doktor."
Diese Familie bringt mich um. Bis diese Oma mit der Hilfe ihrer Nachkommenschaft eine einzige Tablette geschluckt hat, bin ich zum Alterspatienten geworden.
„Ich werde es dir vorlesen. Hier steht: bei Verstimmungszuständen, innerer Spannung, Angstzuständen, innerer Unruhe und depressiven Störungen. Sie wirken stimmungsaufhellend, harmonisierend und hemmungslösend. Vorübergehend kann Psellismus auftreten."
„Wilhelm-Mathias, was bedeutet das?"
„Das weiß ich nicht."
„Ich will diese Tabletten nicht. Ich will Murmeltierfett. Mein Vater nahm auch immer Murmeltierfett."
„Wäre ich nur im Büro geblieben, statt dessen muß ich jetzt auf die Murmeltierjagd gehen. Wenn hier einer Nerventabletten braucht, dann bin ich das!"

„So, Schätzchen, Oma ist auf ihrem Zimmer. Tut mir leid, daß wir dich wegen ihrer Tabletten so genervt haben. Die Gebrauchsinformationen sind aber auch zu blöd. Ich möchte nur wissen, was Psellismus ist, hoffentlich verträgt Oma die Tabletten."
„Nun, seht euch das hier an!!"
„Oma, was willst du schon wieder?"
„Ich wollte meine Nerventabletten einnehmen, aber

die Dose ist halb leer. Es sollen zwanzig Tabletten darin sein, es sind aber nur vierzehn! Der Apotheker hat mich betrogen, das werde ich meinem Doktor sagen!"
„Das ist doch nicht möglich. Schätzchen, was sagst du dazu?"
„Hei, kraftlatlerztixmgutprt, lemmungshösend."
„Pa, ich habe es gefunden, hier im Lexikon steht, was Psellismus ist. Psellismus bedeutet stammeln!"

Denen, die guten Willens sind

Nun ist die Jahreszeit wieder da, in der alle Menschen sich von ihrer besten Seite zeigen. Die ersten, die strahlende Gesichter und viele Lichter aufsetzen, sind die Ladenbesitzer, denn Licht lockt Leute. Sie sind bereit, jeden Wunsch zu erfüllen, ohne Ansehen der Person. Nur die Personen, die auf den Geldscheinen abgebildet sind, sehen sie sich ganz genau an. Ansonsten würden sie einem Neunzigjährigen ein Motorrad und einem Analphabeten Goethes gesammelte Werke verkaufen.

Die nächsten, die ihren Weihnachtsmantel nach dem Wind hängen, sind die Tageszeitungen. Seitenweise, in unzähligen Anzeigen, verkünden sie die gute Botschaft der großen Auswahl und der überhöhten Preise. Der Rundfunk beendet sein ewiges Rock-Pop-Disco-Getöse und spielt ‚White Christmas‘. Das Fernsehen verbannt alle Leichen von seiner Mattscheibe, mit Ausnahme derjenigen, die in den Nachrichten unvermeidlich sind. Es zeigt serienweise nur noch gute Menschen, die ihr letztes Hab und Gut opfern, um eine Reise mit dem Traumschiff zu erleben.

Die Gewerkschaften entsinnen sich der Hirten, die sich selber weiden, und gestatten denen, die Schafe der ‚Neuen-Heimat' zu scheren. Das Finanzamt erinnert seine unfreiwilligen Zahler an den armen, verschuldeten Vater Staat und bittet um Spenden in Form von Einkommensteuernachzahlungen. Die Reisebüros verschenken Millionen von Ferienkatalogen, gemäß dem Auftrag an die Christenheit: Gehet hin in alle Welt und verkündet die gute Botschaft, daß ‚NUR Neckermann' es möglich macht. Die Politiker verheißen weiterhin Frieden, in der Hoffnung, daß man ihren angeblichen Friedenswillen nicht für die Tat nehmen möge, wobei sie ausdrücklich darauf hinweisen, daß es die anderen Parteien an diesem Friedenswillen fehlen lassen. Es läßt sich nicht leugnen, es weihnachtet sehr.

Auch in unserem Hause breitet sich weihnachtlicher Friede aus. Mein angeheirateter Weihnachtsengel hat die Familienversammlung einberufen, damit festgelegt wird, wen wir zu den Feiertagen einladen. Da ich, nach der Ansicht meiner Familie, der größte Weihnachtsmann bin, habe ich die Vorschläge zu unterbreiten:

,,Mein liebes Schätzchen, um dir eine Freude zu machen, schlage ich vor, daß wir zum zweiten Weihnachtstag die Webers einladen.''

,,Ich denke nicht daran! Dieses alberne Getue von ihr! Die zieht sich an wie eine Siebzehnjährige! Ihre Tochter ist von demselben Schlage!''

,,Ihre Tochter ist auch siebzehn. Aber, du bist doch mit ihm zusammen aufgewachsen?''

,,Nein, nicht ganz, er ist auf dem halbem Wege stehengeblieben. Ich lasse mich von ihm nicht mehr in den Hintern kneifen!''

„Wie du willst. Wie wäre es dann mit den Wagners, die würde ich gerne einmal wiedersehen."
„Ihn kannst du einladen. Die Wagner nicht!"
„Warum denn nicht?"
„Weil sie ihn verlassen hat. Sie ist mit einem anderen auf und davon!"
„Der Glückliche. Aber dann wollen wir die Lohmanns fragen. Du weißt, im letzten Jahr waren wir bei denen zu Gast."
„Da kannst du sie einladen, aber nicht den Lohmann!"
„Was ist denn mit ihm?"
„Mit der Wagner auf und davon!"
„Ach du lieber Himmel. Dann könnten wir doch den Wagner und die Lohmann einladen, so könnten die beiden auch etwas miteinander anfangen. Ich meine, das wäre doch sehr praktisch."
„Nicht möglich. Die beiden geben sich gegenseitig die Schuld an dieser Misere. Jeder meint, der andere hätte besser auf seinen Partner aufpassen sollen."
„Unsere beiden Nachbarn aber, die sollten wir auf ein Glas zu uns bitten. Das gehört sich wohl so."
„Die kannst du nicht zusammen einladen. Die Rebstocks haben sich von Hellwegs den Gartengrill ausgeliehen und ihn verbogen zurückgebracht. Seither reden sie nicht mehr miteinander."
„Sicherlich würde sich Schwager Klaus über unsere Einladung sehr freuen."
„Kommt nicht in Frage! Er wird dir deinen Weinkeller leersaufen, um dann anschließend drei Tage hier seinen Rausch auszuschlafen. Ohne mich!"
„Dann bleibt nur noch Tante Friederike. Die ist

Witwe und trinkt keinen Alkohol."

„Da mußt du Oma fragen."

„Oma, sollen wir Tante Friederike einladen?"

„Die will ich hier nicht sehen!"

„Was ist denn passiert?"

„Die hat mich noch nie eingeladen. Jetzt ist sie erst einmal an der Reihe."

„Veronika, Töchterchen, was ist mit deinem Freund Peter? Ob er mit seinen Eltern uns besuchen kommt?"

„Nein! Es ist aus!"

„Was? So plötzlich?"

„Er hat gesagt, ich sei eine dumme Pute!"

„Und, was hast du gesagt?"

„Nichts! Ich habe ihm eine geschmiert! Dann ist er aus dem Café gerannt und hat mich sitzenlassen, und ich hatte kein Geld dabei."

„Ja, mein Sohn Michael, da wird die Familie an den zwei Feiertagen unter sich bleiben müssen. Oder wolltest du von deinen Schulfreunden jemand einladen?"

„Ich bin nicht da, Paps. Ich bin beim Hans. Der bekommt zu Weihnachten einen Heimcomputer. Wir wollen zusammen das Ding programmieren."

„Ich bin auch nicht da, Paps. Ich gehe zur Gisela, die gibt eine Weihnachtsparty."

„Dann werden halt Oma und Mutti es sich hier mit mir gemütlich machen."

„Da wirst du dich am ersten Feiertag mit deiner Frau begnügen müssen. Ich fahre zur Tante Anneliese. Die hat mich eingeladen."

„Na, mein Schatz, da bleiben nur noch wir beide."

„Am zweiten Feiertag, Liebling. Am ersten muß ich zu meiner Kusine Lieselotte. Du weißt doch, sie hat ein Baby bekommen, und ich habe es noch nicht gesehen."

Und so kam für mich ein geruhsamer und friedlicher erster Weihnachtstag. Ich hörte mir die Ansprache unseres Bundespräsidenten an. Seine Stimme wärmte mein Herz wie der genossene Cognac meinen Magen. Er sprach von dem Frieden, den niemand einem anderen absprechen sollte und der uns alle an diesen Feiertagen miteinander verbindet. Abends waren dann meine im weihnachtlichen Frieden Verbündeten wieder daheim.

„Na, Veronika, war es nett bei der Weihnachtsparty von Gisela?"

„Pah! Weißt du, warum die doofe Ziege mich eingeladen hat? Nur, um mir ihren neuen Verehrer zu zeigen. Und, weißt du wer das ist? Peter! Für mich ist die erledigt!"

„Oma, hattet ihr bei Tante Anneliese einen ergiebigen Kaffeeklatsch?"

„Nicht bei Tante Anneliese! Weißt du, wo wir waren? Im Café! Und dort habe ich meinen Kuchen selbst bezahlen müssen. Die frißt der Geiz noch auf!"

„Wie ist es jetzt, Michael? Kannst du nun die Computersprache?"

„Mensch, der Hans läßt mich doch nicht an die Kiste heran! Zusehen darfst du, mehr nicht, und die meiste Zeit sitzt sogar der Alte davor. Und der gibt an, als ob er bei der NASA wäre! Mensch, die spinnen!"

„Aber, du Liebling, hattet ihr viel Freude an dem Baby?"

„Frag mich bloß nicht! Das ganze Haus voll Besuch, und keiner durfte an das Balg heran, wegen der Bazillen. Die reinsten Affeneltern! Die tun so, als seien sie die einzigen, die ein Kind zur Welt gebracht haben. So ein Theater!"

So kam es, daß am zweiten Weihnachtstage im trauten Heim eine friedliche Weihnachtsfamilie um ihre häusliche Krippe saß, bei Kaffee und Weihnachtskuchen, als die Türglocke anschlug. Mein häuslicher Weihnachtsengel ging öffnen, und dann hörten wir ihre fröhliche Stimme:

„Nein, welche Überraschung! Das ist aber lieb von euch, so eine Freude! Und wie jugendlich du wieder aussiehst, ganz bezaubernd! So ein entzückendes Kleid! Aua!! Du alter Lüstling, kannst du es immer noch nicht lassen? Ist er nicht ein ganz schlimmer?! Wilhelm-Mathias, was meinst du, wer hier ist? So eine liebe Überraschung! Die Webers!"

Friede auf Erden!

Das unbeugsame Recht von 1896

Meine Treusorgende teilte mir mit, daß ihr ehemaliger Schulfreund und Sandkastenspielgefährte Weber angerufen habe, ob wir ihm für einen Tag unseren Rasenmäher ausleihen würden.
,,Nein!" protestierte ich, ,,Du weißt, wie die Webers sind, was die einmal haben, rücken sie nie wieder heraus. Habe ich vielleicht meine Schneeketten wiederbekommen oder den Gartengrill?"
,,Stell' dich nicht so an. Der Gartengrill war uralt, und wann brauchen wir schon Schneeketten. Wenn wir ihm aber den Rasenmäher nicht ausleihen, wie stehe ich dann bei unserem Klassentreffen da? Glaubst du vielleicht, ich will mich blamieren? Weber holt sich den Rasenmäher am Freitag, und am Samstag bekommst du das Ding schon wieder zurück."
Heute ist Samstag, aber zwei Jahre später. Unser englischer Rasen hat sich inzwischen in eine amerikanische Prärie verwandelt, und aus der fröhlichen Sandkastenspielgefährtin von Weber ist eine wutschnaubende Furie geworden.
,,Es ist eine Unverschämtheit! Das schlägt sogar dem Faß die Krone ins Gesicht. Geh und nimm dir einen Anwalt. Verklage die Webers auf Herausgabe unseres Rasenmähers!"

Also ging ich zu einem Anwalt. Dieser bestätigte mir, daß sich das Recht, das unbeugsam sei, auf meiner Seite befände. In der Klageerhebung bezog er sich auf das Bürgerliche Gesetzbuch, genannt BGB, vom 18. August 1896, § 985, unter dem geschrieben steht:
‚Der Eigentümer kann von dem Besitzer die Herausgabe der Sache verlangen.'
Aber die Webers nahmen sich auch einen Anwalt. Dieser verlangte, daß die Klage abgewiesen würde. Auch er bezog sich auf das BGB und zitierte den § 986:
‚Der Besitzer kann die Herausgabe der Sache verweigern, wenn er dem Eigentümer gegenüber zum Besitz berechtigt ist.'
Unser Anwalt forderte, die Einwendung des Beklagten abzuweisen, und zwar gemäß § 988 des BGB:
‚Hat ein Besitzer den Besitz unentgeltlich erlangt, so ist er dem Eigentümer gegenüber zur Herausgabe nach den Vorschriften über die Herausgabe einer ungerechtfertigten Bereicherung verpflichtet.'
Welche Freude. Recht muß Recht bleiben. Geschriebenes Gesetz kann man nicht beugen. Man denke da nur an die Zehn Gebote. Natürlich kann in den Zehn Geboten nicht alles aufgeführt sein. So ist dort nirgendwo die Rede von Rasenmähern, dafür haben wir die 2385 Paragraphen des BGB, unter denen auch nirgendwo die Rede von Rasenmähern ist. Webers Anwalt erklärte sich nicht bereit, den Rasenmäher herauszugeben. Er verlangte die Erstattung der Reparaturkosten, die Webers für den alten Rasenmäher angeblich aufgewendet hätten. Er bezog sich auf den § 994 des BGB:

‚Der Besitzer kann für die auf die Sache gemachten, notwendigen Verwendungen von dem Eigentümer Ersatz verlangen.'

Meine Rasenmäherverleiherin bekam einen Tobsuchtsanfall. Ich tröstete sie mit dem Hinweis auf das unbeugsame Recht und das BGB. Darauf bezog sich dann auch unser Anwalt und verlangte die Herausgabe unseres Rasenmähers, so wie es unter dem § 1007 des BGB zu lesen ist:

‚Wer eine bewegliche Sache in Besitz gehabt hat, kann von dem Besitzer die Herausgabe der Sache verlangen, wenn dieser bei dem Erwerbe des Besitzers nicht in gutem Glauben war.'

Webers Anwalt verwies ausdrücklich darauf, daß Webers den Rasenmäher in gutem Glauben angenommen hätten, deshalb könnten Webers auch den Rasenmäher zurückbehalten, so wie es geschrieben steht im § 1000 des BGB:

‚Der Besitzer kann die Herausgabe verweigern, bis er, wegen der ihm zu ersetzenden Verwendungen, befriedigt wird.'

Allmählich machten wir uns Sorgen wegen der unbeugsamen Haltung der Webers. Vielleicht waren wir doch im Unrecht? Waren wir es nicht gewesen, die Webers den Rasenmäher geliehen hatten? Und steht nicht in der Bibel, daß tausend Jahre in den Augen Gottes wie ein Tag sind? Dabei hatten Webers den Rasenmäher erst zwei Jahre. Getrieben von meinem schlechten Gewissen kaufte ich mir ein BGB, um darin die glasklare Antwort zu finden. Ich fand sie unter dem § 188, dort stand:

‚Eine Frist, die nach Wochen, nach Monaten oder

nach einem mehrere Monate umfassenden Zeitraum — Jahr, halbes Jahr, Vierteljahr — bestimmt ist, endigt mit dem Ablaufe desjenigen Tages der letzten Woche oder des letzten Monats, welcher durch seine Benennung oder seine Zahl dem Tage entspricht, in den das Ereignis oder der Zeitpunkt fällt, im Falle mit dem Ablaufe desjenigen Tages der letzten Woche oder des letzten Monats, welcher dem Tage vorhergeht, der durch seine Benennung oder seine Zahl dem Anfangstage der Frist entspricht.'
Nachdem ich das gelesen hatte, teilte ich unserem Anwalt mit, daß ich bereit wäre, Webers den Rasenmäher zu schenken. Davon wollte unser Anwalt nichts hören. Die Webers hätten für Leib und Seele unseres Rasenmähers zu haften. Das teilte er auch dem Amtsgericht mit. Er bezog sich auf § 989 des BGB:
‚Der Besitzer ist dem Eigentümer für den Schaden verantwortlich, der dadurch entsteht, daß infolge seines Verschuldens die Sache verschlechtert wird, untergeht, oder aus einem anderen Grunde von ihm nicht herausgegeben werden kann.'
Webers Anwalt hatte nur ein höhnisches Gelächter. Der Rasenmäher sei Webers zum Rasenmähen überlassen worden, und genau das und nichts anderes würden Webers damit tun. Siehe § 956 BGB:
‚Gestattet der Eigentümer einem anderen, sich Erzeugnisse oder sonstige Bestandteile der Sache anzueignen, so erwirbt dieser das Eigentum an ihnen, wenn der Besitz der Sache ihm überlassen ist mit der Trennung, andernfalls mit der Besitzergreifung.'
Außerdem müßte bei beweglichen Rasenmähern

laut Gesetz angenommen werden, daß dieser dem gehöre, der ihn zum jetzigen Zeitpunkt besitzen würde. So verzeichnet im BGB § 1006:
‚Zugunsten des Besitzers einer beweglichen Sache wird vermutet, daß er Eigentümer der Sache sei.'

Damit kam es zur Verhandlung vor dem Amtsgericht. Wir ließen uns von unserem Anwalt vertreten, um den Webers nicht zu begegnen, und Webers ließen sich von ihrem Anwalt vertreten, um uns nicht zu begegnen. Der Amtsrichter verzichtete auf die Anhörung des Rasenmähers als Zeugen. Er berief sich dabei auf das BGB § 26/6:
‚Verbot der Mitwirkung als Zeuge, wer der deutschen Sprache nicht hinreichend kundig ist.'
Dann sprach er das gerechte Urteil, gemäß dem unbeugsamen Recht und dem § 938 des BGB:
‚Hat jemand eine Sache am Anfang und am Ende eines Zeitraumes im Eigenbesitze gehabt, so wird vermutet, daß sein Eigenbesitz auch in der Zwischenzeit bestanden habe.'
Mit diesem Urteil wäre allen Beteiligten Genüge getan. Webers hätten einen Rasenmäher und wir Anwalts- und Gerichtskosten im Werte von mindestens vierzehn Rasenmähern.

Daraufhin verklagte ich die ehemalige Schulfreundin von Weber, gemäß § 1360 a/4 des BGB:
‚Ist ein Ehegatte nicht in der Lage, die Kosten eines Rechtsstreites zu tragen, der eine persönliche Angelegenheit betrifft, so ist der andere Ehegatte verpflichtet, ihm diese Kosten vorzuschießen.'

Der Anwalt meiner ehemaligen Rasenmäherbesitzerin aber lehnte das ab, und zwar mit dem Hinweis auf das BGB § 676:
‚Wer einem anderen einen Rat oder eine Empfehlung erteilt, ist zum Ersatze des aus der Befolgung des Rates oder der Empfehlung entstehenden Schadens nicht verpflichtet.'

In meinem berechtigten Zorn gedachte ich nun, das BGB zu verklagen, jedoch mein Anwalt riet mir dringend davon ab. Bekannterweise habe sich die Justitia, das sei die Dame mit der unbeugsamen Waage in ihrer Hand, die Augen verbunden, also könne sie sowieso nicht lesen. Auf meine Frage, warum und seit wann sich denn die Justitia die Augen verbunden habe, antwortete er:
,,Nachdem sie das BGB gelesen hatte!"

Wenn das Verhältnis nicht stimmt

Sobald sportliche Männer auf der Mattscheibe oder mit derselben in unserem Bekanntenkreis zu sehen sind, verklärt sich der Blick meines Weibes. Mit vor Staunen offenem Mund und mit vor Aufregung roten Wangen bewundert sie diese Idole unserer heutigen Zeit. Danach versucht ihr Blick meine stattliche Figur zu umrunden, wobei ihr vor lauter Glück Tränen in die Augen steigen.
Zugegeben, ich bin kein sportlicher Typ, jedoch von vorne betrachtet eine imposante Erscheinung. Im Profil wirke ich etwas breiter, aber nicht dick, eher mehr horizontal. Meine mich treu Umsorgende, die mich in meinem Schatten durch das Leben begleitet, wirkt neben mir wie eine gertenschlanke Sportlerin. Wir müssen uns das oft genug anhören, so zum Beispiel:
,,Na, mein Lieber, Sie haben ja ganz schön zugesetzt! Werden bei Ihnen beim Duschen überhaupt noch die Füße naß? Ha, ha, ha. Nehmen Sie sich ein Beispiel an Ihrer Frau. Nicht wahr, gnädige Frau? Immer schlank, immer grazil, immer rank. Sie sollten Ihren Herrn Gemahl nicht so gut füttern!"
Ich für meinen Teil bin mit meinen einhundertachtzig Pfund Lebendgewicht ohne Knochen sehr zu-

frieden, aber es kann der beste Ehemann nicht in Frieden leben, wenn er seinem Weibe nicht gefällt.
,,Wilhelm-Mathias, so geht das nicht weiter!"
,,Was denn, mein Schatz?"
,,Du bist zu dick! Ich kann mich mit dir nicht mehr sehen lassen. Schau dir andere Männer an. Sportler! Schlank, muskulös, stark, kräftig! Und du? Vollgefressen, dickwanstig, schmerbäuchig!"
,,Das ist doch der Gipfel! Willst du mir mal sagen, was an diesen unterernährten, nur aus Haut, Knochen und Muskeln bestehenden Kraftprotzen, die nicht einmal die Hälfte meines Gewichtes auf die Waage bringen, so bewundernswert ist?"
Mein Weib, danach befragt, senkte ihren Blick verschämt auf meine sich ihr entgegenwölbende Leibesmitte und fauchte:
,,Ein guter Hahn wird selten fett!"
,,Das ist doch mal wieder deine typisch weibliche Unlogik! Wegen der Sache, die du meinst, hat noch nie ein Hahn auch nur ein Gramm Fett verloren. Weißt du, warum er sein Fett verliert? Weil er andauernd hinter allen möglichen Hennen herrennt. Würden die Hennen zu ihm kommen, so würde er ganz schön fett. Nicht von ungefähr sind gerade Haremsbesitzer wohlbeleibte Burschen. Aber ich weigere mich, nur deinetwegen hinter anderen Weibern herzulaufen!"
Damit wir uns recht verstehen, ich habe vor jeder sportlichen Leistung eine grenzenlose Achtung, die schon an Verachtung grenzt. Damit ich diese Grenze nicht überschreite, meide ich konsequent jede sportliche Betätigung. Mir reicht es, wenn ich

abends meine Uhr aufziehe. Darum ist es mir auch gleichgültig, ob jemand hundert Meter in sechs Sekunden oder, über eine Abkürzung, in drei Sekunden läuft.
„Du wirst nicht hinter anderen Weibern herlaufen! Du wirst abnehmen! Mindestens zwanzig Kilo! Von morgen an wirst du fasten!"

Sehen Sie, so sind die Frauen! Habe ich mich beklagt? Mit keinem Wort! Ein Mann leidet, ohne zu klagen.
Er raucht, aber er klagt nicht darüber, daß das seiner Gesundheit schadet. Auch dann nicht, wenn er morgens auf dem Bettrand sitzt und von Hustenanfällen geschüttelt wird. Er erträgt das seiner Frau zuliebe und sagt sich, es ist immer noch besser, sie hat einen Mann der hustet als gar keinen Mann. Er trinkt Schnaps, obwohl es seine Leber nicht verträgt. Er spült täglich, ohne sich darüber zu beschweren, seine Lebertabletten mit zwei Liter Bier hinunter. Er ißt Gänsebraten, Schweinshaxen und Eisbein, obwohl seine Galle dabei ihre Funktion einstellt, und tapfer, ohne jedes Wehgeschrei, kuriert er diese Leiden durch die regelmäßige Einnahme von Magenlikör. Er schleppt, unter Aufbietung aller seiner Kräfte, seine einhundertachtzig Pfund Körpergewicht mit sich herum, und steht dabei, zur vollsten Befriedigung seiner Sekretärin, seinen Mann.
Aber, wie dankt ihm das sein Weib? Obwohl er alles nur für sie tut?
„Du wirst eine Punktekur machen!"

„Was?"
„Alle Lebensmittel haben ihren bestimmten Punktewert. Eine Scheibe Knäckebrot sechs Punkte, eine Kartoffel vierundzwanzig Punkte, ein Löffel Zucker achtundvierzig Punkte, ein Ei einen Punkt und so weiter."
„Jetzt mach aber mal einen Punkt!"
„Alles, was du ißt, wird in Punkte umgerechnet, und dabei darfst du eine bestimme Punktezahl pro Tag nicht überschreiten."
„Gut, sagen wir zweitausendfünfhundert Punkte."
„Nicht mehr als fünfundzwanzig Punkte!"
„Bist du noch bei Sinnen? Ich kann mich weder von vier Scheiben Knäckebrot noch von fünfundzwanzig Eiern am Tag ernähren!"
„Fleisch, Speck, Käse, Milch zählen null Punkte, aber alle Speisen und Getränke, die Kohlehydrate enthalten, haben einen hohen Punktewert."
„Fleisch hat null Punkte?"
„Ja."
„Einverstanden, diese Kur gefällt mir."
Also erhielt ich am nächsten Tag zum Frühstück vier Spiegeleier mit Speck und eine Scheibe Knäckebrot. Ergebnis: zehn Punkte. Mittags erhielt ich ein Kotelett mit Salat. Kotelett null Punkte, Salat sechs Punkte. Abends ein Hüftsteak mit Salat: sechs Punkte. Summa summarum: zweiundzwanzig Punkte. Zufrieden holte ich mir mein Bier aus dem Kühlschrank. Mit einem Aufschrei riß mir meine Punkteverwalterin die Flasche aus der Hand:
„Bist du wahnsinnig? Weißt du wieviel Punkte Bier hat?"

„Ja, drei, und die habe ich noch gut!"
„Drei Prozent Alkohol, du Dickwanst! Ein kleines Glas Bier zählt achtzehn Punkte! Ein Flasche also fünfundvierzig Punkte!"
„Ah, das ist der springende Punkt! Ich soll kein Bier mehr trinken!"
Du bekommst nicht mehr als fünfundzwanzig Punkte!"
„Ich habe aber noch drei Punkte gut!"
„Dafür bekommst du ein Glas mit knochentrockenem Weißwein!"
Nach fünf Tagen konnte ich den ersten Erfolg dieser Punktekur an der Waage ablesen. Ich hatte volle einhundert Gramm abgenommen. Stolz verlangte ich nunmehr, zur Aufstockung meiner Punktediät, einen Lothringer Nudelauflauf mit Hackfleischsoße. Meine punktierte Köchin stimmte sofort zu:
„Ja, im Traum! Jede Nudel zählt acht Punkte! Was willst du, ein Kotelett mit Spiegelei oder eine Nudel?"
Nach vierzehn Tagen war es nicht mehr zum Aushalten. Ich mußte zusehen, wie meine Familie sich vollstopfte. Mit Bratkartoffeln, Pfannkuchen, Hefeklößen mit Vanillesoße und Pudding mit Schokoladensoße. Ihre Butterbrote trieften von Honig und Marmelade. Alle meine Tauschvorschläge, zum Beispiel acht Eier mit Käse gegen zwei Pommes frites, wurden von meiner Punktebuchhalterin im Keime erstickt. Inzwischen war ich gegen Fleisch bereits so allergisch, daß mich schon der Anblick eines bloßgelegten Busens erschauern ließ. Am Käse gefielen mir nur noch die Löcher, und mit den Eiern hätte

ich am liebsten meine Eierköchin gesteinigt. Außerdem hatte mir der knochentrockene Weißwein alle Zähne gezogen. Zwangsläufig mußte ich davon jeden Abend zwei Gläser austrinken, damit mir das zweite Glas Wein die Löcher wieder zuzog, die mir das erste Glas Wein in den Magen gebrannt hatte. Was hätte ich nicht für ein doppelgeklapptes, dickes Butterbrot gegeben. Aber das zählte sechsundfünfzig Punkte. Bei meinem Versuch, den Kindern auf dem Schulhof die Pausenbrote abzukaufen, wurde ich als böser Onkel vom Lehrpersonal vertrieben. Ich war nach Punkten ausgezählt. Ich war geschlagen. Das, was ich wollte, bekam ich nicht, und das, was ich bekam, wollte ich nicht. Darum stellte ich jegliche Nahrungsaufnahme ein. Ich ging in den Hungerstreik.

Und siehe da, allmählich verschwand ich von der Bildfläche. Pfund um Pfund. Es kam der Tag, da blickte mich aus dem Spiegel ein junger Mann an. Sportlich, stark, kräftig, mit schlanker und muskulöser Figur. Trotz seiner Größe von einhundertachtundsiebzig Zentimetern brachte er nicht mehr als einhundertdreißig Pfund auf die Waage. Ein Mann unserer Zeit, so, wie ihn sich die Frauen wünschen. Stolz nahm mein Weib mich bei der Hand, um sich mit mir wieder sehen zu lassen. Der Erfolg war durchschlagend:

,,Na mein Lieber, wie sehen Sie denn aus? So etwas von abgehärmt und mager! Bei Ihnen kann man ja auf den Rippen Klavier spielen. Sie sollten sich ein Beispiel an Ihrer Frau nehmen, nicht wahr gnädige Frau? Immer gesund und rund, pausbäckig und mol-

lig! Sie sollten dem Herrn Gemahl etwas von Ihrem Essen abgeben! Ha, ha, ha!"
Stumm trat mein Weib mit mir den Heimweg an. Daheim erhielt ich als erstes einen gar köstlichen Kaiserschmarren und zum Nachtisch einen Nuß-kranz-Kuchen. Abends gab es Bayerische Bauernknödel mit Kraut und zum Dessert Heidelbeer-Pfannkuchen. Meine Pausbäckige kochte unentwegt. Ich konnte mit dem Essen kaum nachkommen. Pariser Leberreis, Irish-Stew, Kalbsleber mit Bananen, Englischer Nußpudding, nur um einiges davon zu nennen. Dazu Bier, Cognac, Magenbitter und Likör. Sportlich, wie ich durch die Hungerkur geworden war, fraß ich mich durch alle diese Herrlichkeiten. Bald hatte die Welt mich wieder, samt meinen einhundertachtzig Pfund wohlgenährten Fleisches, dank der Kochkunst meines Weibes.

Sollte Ihnen, lieber Leser, auf der Straße ein anscheinend schwergewichtiger Mann begegnen, der an seiner Seite eine anscheinend gertenschlanke Sportlerin mit sich führt, so trauen Sie bitte Ihren Augen nicht. Der Eindruck täuscht, weil bei den beiden das Verhältnis nicht stimmt.

Der Stachel in meinem Fleisch

Mit dem Sommer kommen die Mücken. Dann tanzen sie zu Myriaden in unserem Garten. Es sieht aus, als schwebe in der Luft ein Schleier auf und nieder. Diese unendlich vielen kleinen, zarten Wesen vollziehen hier ihren Hochzeitstanz. Die Braut befindet sich bereits im ehelichen Schlafgemach. In meinem. Hier ersehnt sie das Erscheinen des von ihr geliebten Warmblütlers. Der bin ich. Sie kann die innige Verbindung mit mir kaum erwarten, denn ihre Liebe zu mir ist groß. Eine Liebe, die auch mir unter die Haut geht.
Unser Liebesakt spielt sich in jeder Nacht nach einem stets gleichbleibenden Ritual ab. Sobald ich das Licht lösche, ist sie liebesbereit und nimmt, wie alle Bräute, keine Rücksicht auf den Schlummer des von ihr Begehrten. Genau in der Sekunde, in der ich in ein Traumland ohne Blutsauger, wie Mücken und Finanzämter, entschweben will, schwebt sie auf ihren kleinen, zarten Flügeln herbei. Dann stürzt sie sich wie ein herunterrasender, heranheulender Sturzkampfbomber auf mich herab. Von Entsetzen gelähmt, höre ich das ohrenzerreißende Kreischen dieser Angriffsmaschine:
ssssssiiiiiissssssiiiiii.

Das Geräusch bricht ab. Ich spüre ihren zärtlichen, liebevollen Lufthauch auf meiner Wange. Blindwütig vor Angst schlage ich zu, brülle auf, weil ich nicht die Mücke, sondern mich getroffen habe. Dann springe ich wie angestochen aus dem Bett, hechte zum Lichtschalter und stehe im nächsten Augenblick wutschnaubend, mordlüstern, mit geschwollener Backe und blutunterlaufenen Augen vor dem Bett meines Eheweibes. Diese sitzt, blaß vor Schrecken, in ihrem Bett und faucht:
„Bist du wahnsinnig? Wie kann ein erwachsener Mann sich so anstellen?"
„Ich stelle mich nicht an! Dieses Mistvieh stellt mir nach! Ich erschlage dieses Biest! Wo ist es?"
Ich suche mit schlagbereiter Hand, besessen von nackter Mordgier, jeden Quadratzentimeter der Wände, der Decke und des Fußbodens ab. Jedoch die Suche nach der mit meinem Blut besudelten Blutsaugerin bleibt ergebnislos.
Am nächsten Tag wieder der Hochzeitstanz in unserem Garten. Ich versuche zu erraten, welcher dieser tanzenden Vampire heute mit mir die Hochzeitsnacht verbringen wird. Eine dieser Tausenden von Mücken muß die Auserkorene sein. Welche es auch immer ist, am Abend ist sie pünktlich zur Stelle: sssssssiiiiiiissssssiiiiii.
Schlag, Schrei, Aufspringen, Licht, Mord in den Augen!
„Idiot, bist du wahnsinnig?!"
„Wo ist sie? Ich erschlage sie!"
„Mit der bloßen Hand erwischst du sie nie! Nimm eine Zeitung!"

Also hole ich eine Zeitung. Dabei habe ich einen Zeitungsartikel ausgesucht, der die furchtbaren Auswirkungen der Insektizide behandelt. Diese insektentötenden, chemischen Mittel werden über die Nahrungskette im Blut des Menschen gespeichert, so daß unser Blut für jede Mücke bereits lebensgefährlich ist. Doch anscheinend können diese Biester nicht lesen, sie haben es weiterhin auf mein Blut abgesehen.

Warum haben es die Mücken immer auf mich abgesehen? Warum bleibt meine Bettgefährtin verschont? Warum werden nur die Männer von den Mücken als begehrte Blutspender angesehen, wohingegen sie das weibliche Blut verabscheuen. Viele von Mückenstichen durchsiebte Ehemänner sind der Meinung, daß Männer im Gegensatz zu Frauen süßes Blut haben. Dieser kulinarische Unterschied sei in Mücken- und gewissen Damenkreisen wohlbekannt, weshalb gewisse Damen die Männer auch folgendermaßen ansprechen:

,,Na, Süßer, wie wäre es denn mit uns beiden?"

Diese Erkenntnis bringt mich auf die Idee, jede süße Speise und jeden süßen Trank zu meiden. Statt dessen nehme ich flaschenweise knochentrockenen Wein zu mir, in der Hoffnung, mein Blut total zu übersäuern. Mein veränderter Zustand bleibt meiner Beischläferin nicht verborgen.

,,Du bist ja betrunken!"

Laut und vernehmlich, damit es auch ja alle in meinem Schlafzimmer hören, antworte ich:

,,Nein, ich bin stocksauer!"

Jedoch es hilft nichts! Licht aus, und schon ist der

Sturzkampfbomber wieder da:
sssssssiiiiiiisssssssiiiiiii.
Schlag, Schrei, Aufspringen, Licht, Mord in den Augen, bist du wahnsinnig, ich erschlage sie, wo ist sie, nicht zu finden!
Vermutlich ist meine Methode falsch. Nicht ich muß versauern, nein, ich muß das Blut meiner Bettnachbarin versüßen. Darum bringe ich ihr pfundweise Pralinen, Marzipan, Likör und Zuckergebäck mit. Ich stopfe das Ganze in meine Sauertöpfige hinein und trage sie in ihr Bett. Dann lege auch ich mich in der Gewißheit nieder, zum ersten Mal eine Nacht ohne Blutverlust zu erleben. Es kommt, wie zu erwarten:
sssssssiiiiiiisssssssiiiiiii.
Schlag, Schrei, Aufspringen, Licht, Mord in den Augen.
,,Bist du wahnsinnig?! Hört das denn nie auf?!"
Selbst das Licht meiner Taschenlampe bringt das mit meinem Blut randvoll gefüllte Untier nicht zum Vorschein. Wo mag sich eine Mücke nach der Hochzeitsnacht verbergen? Ein Insektologe, den ich befrage, erklärt mir, daß es ausschließlich die Weibchen seien, die Blut saugen. Mein Blut würde der Aufzucht ihrer Brut dienen. Nun weiß ich, wo ich dieses ungebetene Weibsstück suchen muß, denn wo sich mein Weibchen, die Mutter meiner Kinder, nach jeder Liebesnacht bisher verkrochen hat, das ist mir bestens bekannt. Damit ist das Schicksal der nächsten Brautmücke besiegelt. Gelassen erwarte ich am nächsten Abend ihren Angriff:
sssssssiiiiiiisssssssiiiiiii

Schlag, Schrei, Aufspringen, Licht, und dann werfe ich mich mit meinen einhundertachtzig Pfund Lebendgewicht, abzüglich des Blutverlustes, wieder auf meine Bettdecke.

,,Bist du jetzt total verrückt geworden? Mußt du auch noch die Betten ruinieren?"

,,Ich habe sie!"

Und tatsächlich. Dieses männermordende Mückenweib hat sich, sofort nachdem ich das Bett verlassen habe, unter meiner Bettdecke verkrochen. Eine typische, weibliche Reaktion nach dem Liebesakt. Noch einmal versucht sie ihren Stachel durch die Bettdecke in mein Fleisch zu bohren, dann ist es um sie geschehen. Ich befördere sie mit einem Fußtritt aus dem Fenster und lege mich, zwar behaftet mit einem Lustmord, jedoch tiefbefriedigt zur Ruhe.

Trotzdem, das kann keine Dauerlösung sein. Es gilt einen Weg zu finden, der sowohl die Betten als auch die Nerven meiner darin nächtigenden Angetrauten schont. Der Insektologe empfiehlt mir, mückenvertreibende Mittel auf meine Haut aufzutragen. Auf sein Anraten hin kaufe ich mir Nelkenöl, Zimtöl, Senföl und einige harmlosere Mittel, wie Dimethylphtalat, Benzoesäurediäthylamid, Phenylzyklohexanon und Äthylhexandiol. Nachdem ich mich mit diesen wohlriechenden Ingredienzien gut einbalsamiert habe, entweicht unserem Schlafzimmer ein Gestank, der unseren Nachbarn veranlaßt, seine Fenster zu schließen. Mein Odeur vertreibt alle. Sowohl mein Weib, meine Kinder, meine Schwiegermutter und jeglichen Besuch. Wenn ich den Autobus besteige, verlassen sofort alle Fahrgäste, ein-

schließlich des Fahrers, den Wagen. Bei meinen vereinsamten Spaziergängen fallen die Vögel vom Himmel, und das Laub der Bäume verfärbt sich lila. Nur auf die Mücken haben diese Mittel die Wirkung eines starken Aphrodisjakums. Ihr Geschlechtsleben erfährt einen noch nie dagewesenen Auftrieb, und im entsprechenden Maße wird Brut um Brut geboren. Alle mit meinem Blut ernährt.
Außergewöhnliche Umstände aber erfordern außergewöhnliche Maßnahmen. Es muß doch, und sei es noch so entsetzlich, ein Mittel geben, die Mücken abzuschrecken. Ich beginne darüber nachzudenken, was mir in meinem Leben den größten Schrecken eingeflößt hat. Was einem furchtlosen Mann vor Entsetzen das Mark in seinem Gebein gefrieren läßt, daß muß doch wohl eine kleine Mücke vertreiben. Und so wird mir klar, was ich zu tun habe.
Am nächsten Abend setze ich mir die Perücke meines Eheweibes auf. Mein Haupt erstrahlt in blonder Pracht. Ich nehme die Creme für die Gesichtsmaske und bedecke mein Angesicht damit fingerdick. Danach belege ich die Creme, so wie ich es, starr vor Schrecken, bei meinem Weibe gesehen habe, mit Gurkenscheiben, garniere mit Petersilie und streue zum Schluß kleingehacktes Schnittlauch darüber. Welch ein Wunder, aus dem Spiegel blickt mir die ganze Schönheit meiner Gattin entgegen. Wie ähnlich sich ein Ehepaar im Verlauf weniger Ehejahre werden kann.
So vorbereitet, betrete ich das eheliche Schlafgemach. Die Wirkung übertrifft alle Erwartungen. Mein Eheweib schreit auf, schlägt um sich, springt

aus dem Bett, fällt um und versinkt sofort in einen erholsamen von Mücken ungestörten ohnmächtigen Schlaf. Also kann auch ich zur Ruhe gehen. Angespannt lausche ich auf den Angriff der heutigen Brautmücke. Aber nichts unterbricht die Ruhe der Nacht. Absolute Stille um mich herum, die nur ab und zu von dem schreckerfüllten Stöhnen meines Weibes unterbrochen wird. Ich habe es geschafft. Die Blutsaugerin muß in panischer Hast aus dem Fenster geflohen sein, um sich in ihrer Angst im Schwarm ihrer Artgenossen zu verstecken.

Am nächsten Morgen sind alle Mücken aus meinem Garten verschwunden. Sie müssen noch in der Nacht aufgebrochen sein. Ich eile zu meinem Insektologen, um ihm von meiner gelungenen Abschreckungstherapie zu berichten. Er gratuliert mir bewegt zu meiner Entdeckung. Diese sei für die wissenschaftliche Mückenforschung von größter Bedeutung. Damit sei endlich erwiesen, was er schon immer vermutet habe. Begierig will ich wissen, was es sei. Bedeutungsvoll legt er mir die Hand auf die Schulter und sagt:

„Es gibt keine lesbischen Mückenweibchen!"

Deutsche Sprache, schwere Sprache

Jeden Abend, wenn das Signal der Tagesschau durch unsere Wohnung schallt, versammelt sich meine Familie in sensationslüsterner Erwartung vor dem Fernseher. Die Fanfaren der Tagesschau haben heutzutage eine ähnliche Wirkung wie früher das Geläut der Kirchenglocken, womit die Bürger zur Abendandacht gerufen wurden. Die Glocken läuten im Wettstreit mit den Fanfaren der Tagesschau immer noch, aber diesen Wettstreit hat das Fernsehen gewonnen. Erst wenn in der Kirche Video-Aufnahmen aus dem Jenseits gezeigt werden, wird die Kirche wieder konkurrieren können. Zunächst bleibt es beim Fernsehdiesseits. Wir sehen die Bundestagsdebatte um den Bundeshaushalt und hören den Nachrichtensprecher sagen:
,,Noch kann die Koalition an der Haushaltsplanung zerbrechen!"
Das kenne ich. Auch meine Familienkoalition zeigt an jedem Monatsersten bei unserer Debatte um das Haushaltsgeld Auflösungserscheinungen. Mein kleiner Koalitionspartner, nur einhundertachtundfünfzig Zentimeter groß, rothaarig, will zu ihren konservativen Eltern zurück und mich mit unseren beiden Grünen, Veronika und Michael, sitzen lassen. Aber

mit diesen beiden kann ich nicht koalieren. Diese Grünen halten ökologisch sehr viel vom guten Essen, aber bei der kleinsten ökonomisch notwendigen Kürzung meiner freiwilligen Subventionen, also des Taschengeldes, würde es zur Revolte kommen. Die Koalition würde sich in Tränen auflösen. Jetzt wieder der Nachrichtensprecher:
,,Einsparungen im sozialen Bereich sind unumgänglich. Eine weitere Nettokreditaufnahme ist der Regierung nicht möglich!"
Auch mir ist eine weitere Kreditaufnahme nicht möglich. Anscheinend arbeitet die Regierung mit derselben Bank wie ich. Wir sollten beide, die Regierung und ich, die Bank wechseln. Nun können wir im Fernsehen verfolgen, wie der Finanzminister befragt wird, ob und in welchem Umfang Eigenheim-Bauherren in Zukunft noch steuerliche Vorteile in Anspruch nehmen können. Das, so sagt der Finanzminister, sei abhängig von der Verifizierbarkeit der Maßnahmen!
Verflucht, das betrifft mich. Ich bin Bausparer. Einen Teil unseres zukünftigen Eigenheimes habe ich bereits angespart. Ein Drittel der Giebelwand und sämtliche Löcher für die Türen und Fenster. Und jetzt bin ich abhängig von der Verifizierbarkeit? Was meint der Minister damit? Deshalb frage ich meinen Koalitionspartner:
,,Schätzchen, was bedeutet Verifizierbarkeit?"
,,Das kommt sicher aus dem englischen. Du weißt doch: very good oder so."
Also das ist mir doch zu vage. Das ist der Zweckoptimismus meines kleinen Koalitionspartners, geübt

in vielen Jahren der Regierungsmitverantwortung. Aber wozu schickt man die Grünen auf die höhere Schule? Ohne die dafür von mir bezahlten Subventionen hätte ich mein noch nicht vorhandenes Grundstück bereits ausschachten lassen können.
,,Veronika, was ist Verifizierbarkeit?"
,,Weiß ich nicht, Pa."
Es ist zum Heulen. Da fördert man die Grünen, indem man sie auf die höchsten Schulen schickt, aber die einfachsten ministeriellen Fremdwörter werden den Kindern nicht beigebracht.
,,Michael, sage deiner Schwester, was Verifizierbarkeit ist!"
,,Weiß ich nicht, Pa."
,,Dann hole den Brockhaus, den Band mit dem Buchstaben V, und lies mir vor, was unter Verifizierbarkeit geschrieben steht!"
Inzwischen hat mein Koalitionspartner eine neue Variante anzubieten:
,,Könnte es nicht mit ‚very fine' zusammenhängen?"
Mein koalitionszerstörender Blick läßt sie kalt, sie weiß, daß ich ohne sie unseren Grünen hoffnungslos ausgeliefert bin.
,,Pa, ich habe es, hier steht: Die Verifizierbarkeit ist die Forderung des Empirismus, neben den Aussagen der Mathematik und Logik, nur solche als wissenschaftlich sinnvoll zu betrachten, die durch Experiment oder Beobachtung bestätigt werden können."
,,Heißt das, daß diese Regierung mit mir herumexperimentiert? Und wer beobachtet mich? Wahrscheinlich das Finanzamt. Also sagt mir jetzt gefäl-

ligst, was Verifizierbarkeit ist, oder ich rufe den Finanzminister an!"
„Da gibt es noch den Begriff ‚very nice'!"
Mein Gott, unsere Zukunft wird durch die Verifizierbarkeit bedroht, und mein Regierungspartner findet das very nice! Und diese Koalition ist unkündbar!
„Veronika, rufe deinen Lehrer an. Frage ihn, was Verifizierbarkeit ist. Wenn er es dir nicht sagen kann, werde ich dich von der Schule nehmen. Dann lernst du ausschließlich Kochen und Putzen, damit du deinem zukünftigen Mann ein very lovely Weib sein wirst!"
Was denken sich unsere Staatsminister eigentlich, wenn sie ihre Untertanen dermaßen verwirren? Beherrschen sie unsere deutsche Muttersprache nicht? Jetzt sehe ich meine Tochter leichenblaß vom Telefon zurückkommen. Was, um Gottes willen, hat das jetzt wieder zu bedeuten? Sie wankt zu ihrem Stuhl, stützt den Kopf in ihre Hände und schluchzt hemmungslos.
„Veronika, was ist mit dir? Du brauchst nicht zu weinen, du bist noch nicht steuerpflichtig. Was hat dein Lehrer gesagt?"
„Er hat gesagt, er hätte meine letzte Mathe-Arbeit verifiziert. Diese Überprüfung hätte wieder eine fünf ergeben. Du möchtest deinen Terminkalender überprüfen, von ihm aus auch verifizieren, um festzustellen, wann du dich mit ihm über eine eventuelle Wiederholungsschülerin unterhalten könntest."

Sollte der Finanzminister diese Aufzeichnung lesen, so gebe ich ihm hier einen guten Rat, den ich aller-

dings bei meiner nächsten Steuererklärung als Abzug geltend machen werde:
Er soll seine deutsche Sprache einer Verifizierung unterziehen!

Die eheliche Fernsehkrise

In einer Unterhaltungssendung des Fernsehens wurde ein Ehepaar vorgestellt, das in seiner Wohnung kein Fernsehgerät stehen hatte. Das Publikum verharrte in sprachlosem Entsetzen. Nicht einmal Applaus war zu hören. Auch ich fragte mich, was mögen das nur für Menschen sein? Spießer? Banausen? Anarchisten? Nicht auszudenken, womit dieses Ehepaar sich abends die Zeit vertreiben mag.
Ich kann es ja noch verstehen, wenn jemand ohne Ehepartner leben will, aber ohne Fernseher? Ich danke dem Himmel, daß ich nicht zu diesen Außenseitern unserer Fernsehnation gehöre. Ich bin ein ganz normaler Fernsehbürger. Ich achte gewissenhaft darauf, daß ich meinem Beruf und dem Fernseher die gleiche Zeit widme. Deshalb gehe ich auch nicht ins Wirtshaus, habe keine Freundin, treibe kein Vereinsleben, lese keine Bücher, sondern schenke meine ungeteilte Aufmerksamkeit dem Fernsehprogramm. Damit soll nicht gesagt sein, daß ich meinen Fernseher mehr liebe als meine Frau. Habe ich sie doch geheiratet, um Fernsehfreud und Fernsehleid mit ihr zu teilen. Leider ist meine eheliche Bildschirmbeteiligte auf meine innige Verbindung mit dem Fernseher eifersüchtig, wodurch es zu einer Ehekrise kam:

Es geschah an einem friedlichen Fernsehabend, als meine an den Fernsehgebühren und an meinem Leben zur Hälfte Beteiligte mit einem irren Schrei aufsprang und mit brutaler Gewalt den Stecker des Fernsehanschlusses aus der Wand riß. Peter Alexander, der uns eben noch anlächelte, erblaßte vor Entsetzen und verschwand dann für immer aus unserem Eheleben. Ich starrte fassungslos auf den plötzlich bildlos gewordenen Bildschirm und danach auf meine bildgewordene Fassungslose, um ihr dann die höfliche Frage zu stellen:
„Bist du verrückt geworden?"
Statt meine Frage zu beantworten, warf sie mit einem weiteren gellenden Aufschrei das Kabel auf den Boden und zertrampelte in blinder Wut den Stecker, wobei sie mich anbrüllte:
„Soll ich dir mal was sagen? Ich bin es leid! Ich habe es satt! Bin ich überhaupt noch verheiratet? Habe ich überhaupt noch einen Mann? Abend für Abend sitzt du vor dieser Glotze! Ist das vielleicht noch ein Eheleben? Verdammt noch mal, warum heiratest du nicht gleich diesen Kasten?!"
Also hat man dafür noch Worte? Den Fernseher heiraten? Dazu hätten mir meine Eltern niemals ihre Genehmigung gegeben. Andererseits hat der Gedanke etwas Verlockendes. Man könnte, sobald einem das hundsmiserable Programm der geehelichten Fernsehkiste zum Hals heraushängt, sie einfach abwürgen. Bei einer herkömmlichen Ehefrau ist das verboten. Auch ansonsten ist der Fernseher der handelsüblichen Ehefrau weit überlegen. Es schien an der Zeit zu sein, meiner Fernsehmörderin das klar zu machen:

"Warum nicht? Das Fernsehgerät wäre eine ganz passable Ehefrau. Ich brauche nur auf die Knöpfe zu drücken, und schon steht es mir abendfüllend zur Verfügung. Abendfüllend! Welche konventionelle Ehefrau hätte solches zu bieten?"
Meine eheliche Bildgestörte traf Anstalten, mich mit dem geschändeten Kabel zu erdrosseln. Glücklicherweise war die Schnur zu kurz. Deshalb sprang sie mit ausgefahrenen Krallen auf mich los und fauchte: "Was würdest du Fernsehnarr davon halten, wenn du mal bei mir auf die Knöpfe drücken würdest? Dann würdest du feststellen, daß ein Fernseher eine Ehefrau nicht ersetzen kann! Oder meinst du etwa, daß das Eheleben deiner Frau sich lediglich darin erschöpft, zwischen dir und dem Kühlschrank zu verkehren? Ich habe es satt, als Bierträgerin mißbraucht zu werden! Ich bin deine Frau, nicht diese Kiste!"
Da sieht man wieder, wie eifersüchtig eine Frau sein kann. Früher, zur fernsehlosen Zeit, war sie eifersüchtig auf die Sekretärin, auf die Nichten, auf irgendwelche Halbweltdamen, auf Betthasen, Konkubinen und sonstige wie auch immer geartete andere Frauen. Jetzt richtet sich ihre Eifersucht auf den Fernseher, ihres Mannes einzige Augenweide.
"Ich sehe da keinen großen Unterschied. Der Kasten redet genauso pausenlos wie du! Nur, wenn mir dort das Thema nicht paßt, kann ich auf einen anderen Kanal umschalten. Das geht bei dir nicht! Da ist dir der Fernseher überlegen!"
Meine also Geschmähte fuhr mir mit ihren Krallen ins Gesicht und schnaubte:

„So, umschalten möchtest du? Ich bin dir wohl nicht mehr gut genug? Zu alt, wie? Ja, wenn eine Jüngere hier säße, dann wüßte ich, welches Programm dir gefallen würde. Für mich interessierst du dich nur noch bei totalem Senderausfall. Ich bin dein Notprogramm! Aber, wenn du glaubst, ich hätte das Liebesleben und die Geduld einer Auster, dann hast du dich getäuscht!"
„Nimm die Hände von meinem Hals", röchelte ich, „warum sollte ich eine Jüngere haben wollen? Ob eine jüngere Frau oder ein Fernseher des jüngsten Typs, das Programm bleibt immer dasselbe!"
Meine Fernsehgeschädigte löste ihren Würgegriff und riß mir, damit ich ihr Alter nicht erkenne, die Brille von der Nase und zischte:
„Von jetzt an, mein Lieber, läuft hier ein anderes Programm. Es ist Schluß mit deinem Verhältnis zu dieser Flimmerkiste. Von nun an wirst du nur noch mich ansehen und mir zuhören!"
Ich hätte eine Fernsehansagerin heiraten sollen. Obwohl ich ihr den Ton abgedreht hätte, müßte sie mir jeden Abend vom Bildschirm freundlich zulächeln. Dagegen gibt es keine legale Methode, um ein buchstäbliches Eheweib auf stumm zu schalten.
„Ob ich dir zuhöre oder meinem Fernseher, es ist das gleiche emanzipierte Geschwätz. Da wird geschwafelt über Klassenkampf, Yoga, Sozialökonomie, Literatur und Psychologie. Der Fernseher gleicht einer emanzipierten Ehefrau und gibt sich sehr gebildet. Nur, daß ich dabei ungestraft einschlafen kann. Das sollte ich mir mal bei dir erlauben."

Wie ich durch mein Tastgefühl unschwer feststellen konnte, saß meine Fernsehkonkurrentin inzwischen auf meinem Schoß. Nicht, um Rücksicht auf meine Kurzsichtigkeit zu nehmen, sondern um mich lüstern mit meiner Krawatte zu erdrosseln, wobei sie säuselte:
,,So, ich schwafele also? Weißt du, was aus dir geworden wäre, wenn du nicht meine Ratschläge und Fürsorge gehabt hättest? Wie willst du denn deine Lebensprobleme lösen, wenn du immer nur vor diesem Kasten sitzt?"
,,Der Fernseher verhält sich auch darin wie eine gute Ehefrau. Unentwegt versucht er, mich zu erziehen, und erteilt mir permanent gute Ratschläge. Sowohl in Gesundheitsfragen, Kindererziehung, sportlicher Betätigung, Urlaubsreisen und Mode. Alles Möglichkeiten, bei denen man sein Geld loswerden kann. Aber Gott sei Dank nur rein theoretisch, wohingegen die gleichen Themen bei dir mich sofort an den Bettelstab bringen! Außerdem könntest du aufhören, an meiner Krawatte herumzuzerren!"
,,So, du scheinst ja mit dieser Flimmerkiste im besten Einvernehmen zu leben. Glücklicherweise ist sie als Sexualobjekt denkbar ungeeignet. Außerdem führt das beständige Fernsehen überhaupt zur Vernachlässigung des Sexuallebens!"
,,Es ist mit dem Fernseher wie mit der Ehe, die ja wohl auch zur Einschränkung der sexuellen Beziehung führt!"
Das hätte ich nicht sagen sollen. Meine dem Fernseher so schmählich Unterlegene zog mir wutentbrannt den Hals zu und schrie:

„Und warum, wenn sich weder mit diesem Flimmerflittchen noch mit mir etwas abspielt, gibst du ihr den Vorzug, du Bigamist?"
„Aus rein finanziellen Erwägungen", röchelte ich, „bei ihr betragen die einmaligen Anschaffungskosten nur eintausendfünfhundert Mark, und von da an begnügt sie sich mit einem monatlichen Unterhalt von sechzehn Mark und fünfundzwanzig Pfennig!"
Damit hatte ich den Funken ins eheliche Pulverfaß geschleudert. Wenn es um ihr Geld geht, ist meine Treusorgende zu keinem Zugeständnis bereit.
„Glaubst du etwa, ich würde dieses billige Flittchen auch noch unterbieten? Auf der Stelle schaffst du sie mir aus dem Haus! Eine von uns beiden muß verschwinden, und zwar sie!"
Wie der Engel mit dem Flammenschwert am Tor des Paradieses, so stand mein Weib an der Haustür, als ich ihre Konkurrentin auf meinen Armen hinaustrug. Dann mußte ich noch zur Behörde, um die bei mir Registrierte abzumelden, mit der Begründung, sie sei aus dem Verkehr gezogen.

So kam es, daß seither in unserer Wohnung kein Fernsehgerät mehr steht. Weshalb man uns, wie schon gesagt, in einer Unterhaltungssendung des Fernsehens dem Publikum vorstellte und die Zuschauer sich fragten, was mag das nur für ein Ehepaar sein? Und was mag es nur sein, womit diese beiden sich abends die Zeit vertreiben?"

Der Ertrag unseres Volkes ohne Abzug

Scharfsinnig, wie unsere Regierung ist, hat sie erkannt, daß es uns wirtschaftlich besser ginge, wenn es geschäftlich aufwärts ginge. Deshalb muß nach der Ansicht der Regierung bei uns dringend das Bruttosozialprodukt gesteigert werden. Was aber bedeutet dieses hochtrabende Fremdwort? Mit ‚Brutto' soll gesagt sein: ohne Abzug. Mit ‚sozial' ist unsere Volksgemeinschaft gemeint. Anstelle von ‚Produkt' kann man auch das deutsche Wort ‚Ertrag' verwenden. Demnach also der Ertrag unseres Volkes, ohne Abzug. Dabei verschweigt unsere Regierung wohlweislich, um welchen Abzug es sich handelt. Wenn Sie, lieber Leser, jedoch nachsehen, wieviel Ihnen das Finanzamt von Ihrem Ertrag übriggelassen hat, dann wissen Sie, welcher Abzug gemeint ist. Im Klartext also: der erarbeitete Ertrag unseres Volkes vor Abzug der Steuern. Nun hat unser Bruttosozialprodukt derzeit ein Null-Wachstum. Die Steuern dagegen haben eine zweistellige Zuwachsrate. Es bleibt uns also nur noch das Wachstum unserer grauen Haare.

Was aber ist genau unter dem Ertrag zu verstehen? Schlicht gesagt, die Summe, die wir an allen verkauften Waren verdienen. Gleichgültig, ob es sich dabei um Babywäsche, Panzer, Küchenkräuter oder Atomkraftwerke handelt. Statt also davon zu reden, daß das Bruttosozialprodukt gesteigert werden muß, hätte die Regierung auch sagen können, daß wir mehr verkaufen müssen. Egal was, egal an wen und egal wohin. Damit wird deutlich, welche Bedeutung ein Verkäufer in unserer Volksgemeinschaft hat. Anstelle der Politiker, die kein Mensch haben, geschweige denn kaufen will, brauchen wir Verkäufer. Gute Verkäufer!

Ein solcher stand eines Tages vor meiner Haustür. Ich öffnete ihm selbst. Meine eheliche Haustürverteidigerin war fortgegangen und hatte mich schutzlos allein gelassen. Ein Herr von gepflegtem Äußeren sah mich freundlich lächelnd an. In der linken Hand hielt er einen schwarzen Koffer, in der rechten Hand seinen Hut, und mit der dritten mußte er geklingelt haben. Er begrüßte mich mit den Worten: „Guten Tag, mein Name ist Kleefeld, spreche ich mit dem Herrn des Hauses?"
Herrn des Hauses! Ich mußte gestehen, er gefiel mir. Anscheinend ein gebildeter Mensch, für den es nichts Ungewöhnliches ist, einen bedeutenden Mann zu begrüßen. Ich schenkte ihm einen wohlwollenden Blick und fragte nach seinem Begehr. Sein Besuch erschien gewinnbringend, denn er sagte, wobei er mir seinen schweren Koffer entgegenhielt:
„Ich komme von der astrologischen Gesellschaft für prognostische Deutungselemente, die Ihnen durch mich ein Geschenk überreichen möchte. Er-

lauben Sie, daß ich dazu einen Moment eintrete?"
In Erwartung einer größeren Zuwendung, die sein Koffer vermuten ließ, forderte ich ihn auf einzutreten. Nachdem er Platz genommen hatte, öffnete er verheißungsvoll die Verschlüsse seines Koffers. Er richtete sich aber, bevor er dessen Deckel lüftete, wieder auf und fragte:
„Unter welchem Sternzeichen sind Sie geboren?"
„Steinbock, warum?"
Er nickte wissend und antwortete:
„Weil die derzeitige Stellung des Steinbocks im Umfeld seiner Planeten ein Radixhoroskop von lebenswichtiger Bedeutung ergibt."
„Ich glaube nicht an Horoskope."
„Nehmen Sie das nicht zu leicht. Der Zodiakus des Steinbocks ist zur Zeit aufsteigend und durchläuft dabei die Sonne nach Norden. Wann sind Sie geboren? Monat? Tag?"
„Am 10. Januar."
„Schade, Sie müssen sterben!"
„Was??"
„Ja, es wird sich nicht vermeiden lassen. Allerdings läßt der Mars, der in seiner Konstellation zum Steinbock in einem Winkel steht, erkennen, daß Sie das vorläufig noch verhindern können, wenn Sie etwas für Ihre Lebensaktivität tun."
Dabei öffnete er seinen Koffer und entnahm ihm eine Flasche.
„Dieses Aktiv-Tonikum mit der astrographischen Formel des Aquavits ist ein Lebenswasser. Jeden Tag ein Gläschen. Nur einhundertsiebenundsechzig Mark. Sehr günstig, wenn Sie bedenken, was für Sie davon abhängt!"

Ich nickte zustimmend, denn wer will schon sterben. Nun entnahm mein Besucher seinem Koffer eine Zeichnung des Sternenhimmels.
,,Das hier ist die Konstellation Ihres derzeitigen Solarhoroskops. Hier steht zur Zeit der Planet Merkur, hier der Mars, dort der Jupiter, und wo, glauben Sie, steht der Steinbock? Genau hier! Das bedeutet, Sie sind nicht ganz gesund. Was fehlt Ihnen?"
,,Mein Magen, Sie wissen ja, der ewige Streß. Eine leichte Gastritis."
Er zog sein Gesicht in bedenkliche Falten, blickte noch einmal auf mein astrologisches Bulletin, nickte und griff in seinen Koffer.
,,Dieser Astro-Magenbalsam wird Ihnen umgehend Linderung bringen. Er ist Ihnen dringend zu empfehlen, denn die transtentialen Linien bilden über dem Steinbock ein Kreuz. Handeln Sie schnell, bevor Sie sich einer Magenoperation unterziehen müssen. Nur einhundertvierunddreißig Mark."
Ich konnte nur dankbar nicken. Wie glücklich war ich, daß mir die Stellung meiner Gestirne diesen Retter in der Not ins Haus gebracht hatte. Mein Retter zog nun Linien in den gezeichneten Sternenhimmel und fragte mich:
,,Sie wissen, was es mit dem Dezendenden in Ihrem Horoskop auf sich hat?"
,,Nein, keine Ahnung. Was ist das?"
Er blickte mich erstaunt an und meinte väterlich:
,,Das ist ja lebensgefährlich. So darf das nicht weitergehen. Sie müssen in Zukunft immer über die Vorhersagen Ihres Radialhoroskopes informiert sein."

Er griff wieder in seinen Koffer und brachte ein zweibändiges Lexikon zu Tage. Schwer legte er seine Hände auf die umfangreichen Bände und sprach, jedes Wort betonend:
,,Dies ist das bedeutendste astrologische Werk der Gegenwart. Mit Hilfe dieser leicht verständlichen Anleitung werden Sie sich jederzeit Ihr Horoskop selbst erstellen können. So haben Sie für jeden Tag die richtige Wegleitung. Zweitausendvierhundert Seiten, vollgeschrieben mit den Ereignissen Ihrer Zukunft und nur zehn Pfennig pro Seite."
Da ich keinen Widerspruch erhob, legte er die beiden Bände zu den Flaschen.
,,Das, was Ihnen jetzt noch fehlt", fuhr Herr Kleefeld fort, ,,ist eine astrologische Uhr, von der Sie stets die inäquale Stellung des Steinbocks ablesen können. Außerdem sagt sie Ihnen die jeweils gültige Sternzeit."
Er holte aus seinem Koffer eine mittelgroße Wanduhr im Schwarzwaldstil, die für einhundertachtzig Mark ohne Importzuschlag zu haben war. Der Steinbock war zwar noch hinter einer Klappe verborgen, würde aber, laut der verbindlichen Zusage des Herrn Kleefeld, zur gegebenen Zeit erscheinen. Danach erwarb ich noch einen speziellen Kurz- und Langwellenempfänger der Marke Universum, damit ich die täglichen aszendentialen Nachrichten empfangen könne. Allmählich schwirrte mir der Kopf von den vielen mir unbekannten astrologischen Begriffen. Ich sagte das Herrn Kleefeld.
,,Was Sie brauchen, ist ein Nachschlagewerk. Es gibt dafür nichts Besseres als die Enzyklopädie Britannica."

Er entnahm seinem Koffer zwölf Bände, die er mir zum Sonderpreis von eintausendachthundert Mark überlassen konnte. Danach war der Koffer des Herrn Kleefeld leer. Ich zahlte dankbar die günstigen, jedoch astronomischen Kaufbeträge. Als dann mein Besucher aufstand und nach seinem Hut griff, um sich zu verabschieden, erinnerte ich ihn höflich an das mir noch nicht ausgehändigte Geschenk. Es war ihm anzusehen, wie peinlich es ihm war, vor lauter Sorge um mein Wohlergehen, diese Zusage vergessen zu haben. Er entschuldigte sich mehrmals und überreichte mir dann, im Namen seiner Gesellschaft für prognostische Deutungselemente, den leeren Koffer. Dann empfahl er sich mit den besten Wünschen für meine astrologische Zukunft.

Nachdem er gegangen war, stellte ich meinen Weltempfänger, Marke Universum, auf meine astrographischen Daten ein. Ich wartete gespannt auf meine neuesten Astro-Informationen. Was ich aber hörte, war der Nachrichtensprecher des Deutschlandfunks, der seine Freude darüber zum Ausdruck brachte, daß in diesem Augenblick das Bruttosozialprodukt unseres Landes um 2,8 % gestiegen sei.

Der zukünftige IQ

Früher wurde jeder Mensch dumm geboren. Heute ist das anders, heute bringt er einen Intelligenzquozienten mit auf die Welt. Dieser begleitet ihn dann, mit steigender oder fallender Tendenz, sein Leben lang. Jeder muß es sich heutzutage gefallen lassen, daß er stets nach seinem IQ (wissenschaftliche Abkürzung) beurteilt wird. Dieser IQ drückt den Grad seiner Intelligenz im Sinn eines altersangemessenen Verhaltens aus. In einem Zahlenwert, der sich aus dem Verhältnis seines Intelligenzalters zu seinem Lebensalter ergibt. Dieser Zahlenwert wird wie folgt errechnet: Das Intelligenzalter wird durch das tatsächliche Alter dividiert. Das ergibt den IQ. Dieser IQ wird noch mit 100 multipliziert, um einen Zahlenwert zu erhalten, der sich gut mit dem anderer Menschen vergleichen läßt.
Zum besseren Verständnis ein Beispiel: Mein Sohn Michael, 12 Jahre, hält sich für klüger und weiser als seine Mutter. Also hat er ein Intelligenzalter von 38 bei einem Lebensalter von 12. Intelligenzquozient somit 38:12 = 3,2 = 320 IQ. Ich kann stolz sein, einen solchen Sohn gezeugt zu haben, denn mein Intelligenzquozient ist, mit dem seinen verglichen, direkt erbärmlich. Er beträgt nur 20 IQ. Die

Rechnung ist leicht nachzuvollziehen. Die meinem Sohn so schmählich unterlegene Mutter ist der Meinung, daß ich mich dümmer anstelle als mein Sohn. Somit ergibt sich für mich ein Intelligenzalter von 10 Jahren gegenüber einem Lebensalter von 43 Jahren, also 10:43 = 0,2 = 20 IQ! Ganz anders wiederum dagegen der IQ meiner ehelichen Treusorgenden. Sie muß, so sagt sie, für zwei unmündige Kinder, eine alte Oma und einen schusseligen Ehemann denken. Das ergibt zusammen ein Intelligenzalter von 135 Jahren, dem nur 38 Lebensjahre gegenüberstehen. Somit 135:38 = 3,6 = 360 IQ! Wir haben also in unserer Familie beim Intelligenzquozienten eine Schwankungsbreite von 20 bis 360 IQ und die damit verbundenen Probleme.

Ein Problem ist sofort sehr deutlich zu erkennen: Je jünger ein Mensch ist, um so höher ist sein IQ. Dagegen sind die Alten stets die Dummen, wie man an deren IQ erkennen kann. Die Ursache dafür ist bekannt. Jede neue Generation kommt immer etwas klüger auf die Welt als die vorangegangene. Deshalb kann heute ein zweijähriges Kind spielend den Fernseher und den Video-Recorder bedienen. Dazu war ein Galileo Galilei selbst im Alter von dreißig Jahren noch nicht in der Lage. Er kann von Glück reden, daß er sich nur mit der Inquisition und nicht mit seinem IQ auseinandersetzen mußte. Unsere heutigen jungen Menschen können, entsprechend ihrem hohen IQ, schneller fahren, höher fliegen, ferner sehen und weiter telefonieren als alle Generationen zusammengerechnet vor ihnen. Was Wunder, daß die Jugend sich überlegen fühlt und den Altvorderen das auch zu verstehen gibt.

Ist die Jugend wirklich klüger? Verfolgt man das Verhältnis des Intelligenzalters zum Lebensalter über die vergangenen Generationen hinweg, so ergibt sich ein umgekehrter Trend. Im Jahre 1666 hat Isaac Newton im jugendlichen Alter von 23 Jahren den binomischen Lehrsatz aufgestellt. Sollten Sie sich an diesen Lehrsatz nicht mehr erinnern, so können Sie diese mathematische Formel hier noch einmal leichtverständlich nachvollziehen.

$$(a+b)^n = C^n_o a^n + C^n_1 a^{n-1} b + \ldots + C^n_k a^{k} b^{k} + \ldots + C^n_{nb}.$$

Hundert Jahre später mußte Wilhelm Busch bereits 42 Jahre alt werden, bevor er im Jahre 1874 Max und Moritz produzieren konnte. Einundzwanzig Jahre später, also 1895, schaffte es Conrad Röntgen erst im Alter von 50 Jahren die segensreichen X-Strahlen zu entdecken. Wenn wir in der Geschichte weitere neunundzwanzig Jahre voranschreiten, zum Jahre 1924, dann stellen wir fest, daß Georg Bernhard Shaw erst mit 68 Jahren seine ‚Heilige Johanna' vollenden konnte. Gerhart Hauptmann mußte schon 81 Jahre alt werden, bevor er im Jahre 1943 seine ‚Iphigenie in Aulis' der Öffentlichkeit übergeben konnte.

Nun frage ich mich, wie alt wohl unsere heutige Jugend werden muß, bevor sie auf Grund ihres Intelligenzalters, im Sinne eines altersangemessenen Verhaltens, zu einer entsprechenden Leistung imstande ist. Diese Frage ist berechtigt, wenn man sich die

Fortschritte bei der Ausbildung unserer jungen Generation betrachtet. Vergleichen wir:

Volksschule 1950
Ein Bauer verkauft einen Sack Kartoffeln für 20,— Mark. Die Erzeugerkosten betragen 4/5 des Erlöses. Wie hoch ist der Gewinn?

Realschule 1960
Ein Bauer verkauft einen Sack Kartoffeln für 20,— Mark. Die Erzeugerkosten betragen 16,— Mark. Berechne bitte den Gewinn.

Gymnasium 1970
Ein Bauer verkauft eine Menge Kartoffeln (R) für eine Menge Geld (G). G hat die Mächtigkeit 20. Für die Elemente g aus G gilt: g = 1,— Mark. In Strichmengen müßtest du für die Menge G ‚zwanzig' Strichlein (////////////////////) machen, für jedes Element g eines. Die Menge der Erzeugungskosten (E) ist um ‚vier' Strichlein (////) weniger mächtig als die Menge G. Zeichne das Bild der Menge E als Teilmenge der Menge G und gib die Lösungsmenge (L) an für die Frage: Wie mächtig ist die Gewinnmenge?

Integrierte Gesamtschule 1982
Ein Bauer verkauft einen Sack Kartoffeln für 20,— Mark. Die Erzeugerkosten betragen 16,— Mark, der Gewinn beträgt 4,— Mark. Aufgabe: Unterstreiche das Wort ‚Kartoffeln' und diskutiere mit deinem Nachbarn darüber.

Weiter reformierte Schule 1988
ein kapitalistisch-priviligierter bauer bereicherd sich one rechtsfärtigung an einen sak kartofeln um 4,— marck. untersuche den tekst auf inhaldlische gramatische ortogravische und zeichensetzunksfeler. korigire die aufgabenstälunk und demonstriere gegen die lösunk.

Vergleicht man also das Verhältnis Intelligenzalter zum Lebensalter der früheren Generationen mit den heutigen, so kann man bereits erkennen, daß einmal das ewige Leben noch um einige Jahre zu kurz sein wird, um zu gewährleisten, daß künftige Generationen eine altersangemessene Leistung hervorbringen. Die Potenzrechnung der binomischen Formel, darauf angewendet, ergibt dann für die kommenden Generationen einen Intelligenzquozienten von 0,00 zuzüglich eines Fernsehers mit 60 Programmen und der Nullstundenwoche bei vollem Lohnausgleich.

Heiner Flaig
Ausverkauf im Paradies
Roman

208 Seiten, Ganzleinen

Das „Paradies", ein noch mittelalterliches Viertel einer Stadt, soll abgerissen und in ein modernes „Einkaufs-Paradies" umgewandelt werden. Ohnmächtig erleben die Bewohner die anscheinend unabwendbare Bedrohung. Eine Gruppe von „Machern" — ein Baufinanzier, Beamte und Politiker — verfolgen rücksichtslos ihr Ziel. Widerstand von seiten der Paradiesler, die seit Generationen mit ihrem Quartier verwachsen sind, scheint aussichtslos.

„Wieder eine städtische Idylle weniger" wird man achselzuckend bemerken. Das Thema des zeitkritischen Romans ist lästig, es nervt. Der Leser findet sich plötzlich selbst miteinbezogen in den „Ausverkauf", auch er bedauert die fortschreitende Zerstörung unserer Umwelt und nimmt in vollen Zügen die Annehmlichkeiten und Verlockungen unseres Wohlstands wahr.

Bildhaft und farbig schildert Heiner Flaig die unverwechselbaren Gestalten und Charaktere, Schicksale und Geschichten: Zukker und Anna, ihre Nachbarn, die Herrenstube, die Kirche, der Baulöwe Dr. Cerny und der Stadtbaudirektor, die schließlich über eine Bestechungsaffäre stolpern. Und Klara, eine junge, alleinlebende Frau, die aus einer Phase fruchtloser „Selbstverwirklichung" ausbricht und mit ihrem Beitrag zur Rettung des Paradieses zu sich selbst findet.

Heiner Flaig, Jahrgang 1928, begann erst spät mit dem Schreiben, obwohl er einen schreibenden Beruf vor sich sah, als er in München Zeitungs- und Theaterwissenschaft studierte, aber das Studium bald abbrach. Gut drei Jahrzehnte arbeitete er als Manager für Public Relations, Werbung und Gestaltung im In- und Ausland. Der zweite Anlauf zum Schreiben gelang: seit 1978 lebt Heiner Flaig als freier Schriftsteller in Baden-Baden. Neben Veröffentlichungen in Anthologien und Zeitschriften erschien von ihm bisher eine Dokumentation über eine deutsche Stadt während des Dritten Reichs: Zeitgeschehen in Bildern.

MORSTADT VERLAG KEHL STRASBOURG BASEL

Leonid Olschwang

Fremde Rubelchen

Erzählungen aus Rußland

296 Seiten, Ganzleinen

„. . . Man begegnet dem Namen Leonid Olschwang seit vielen Jahren in deutschen Zeitungen und Zeitschriften, gelegentlich auch in ausländischen. Er wird als Übersetzer aus dem Russischen oder als Autor deutsch geschriebener literarisch qualifizierter Erzählungen bekannt. Olschwang kam mit dem Kriegsende als sowjetrussischer Offizier nach Deutschland. Er war einige Jahre in Potsdam tätig und ging dann mit seiner Frau in die Bundesrepublik, wo er viele Jahre in Bonn als freier Schriftsteller lebte.
Sein Name sollte aber nicht nur in Literatur, sondern auch an eine rühmenswerte Kriegshandlung erinnern, über die 1953 und 1954 viele Zeitungen und Zeitschriften berichteten.
Der damalige sowjetrussische Oberleutnant fand in einem überstürzt verlassenen ostpreußischen Dorf in einer Kate zwei halbverfrorene und verhungerte Kinder. Er nahm sie mit, brachte sie im nächsten Dorf einer widerstrebenden Bäuerin mit der Auflage für die Kinder zu sorgen, als wären sie ihre eigenen. Als das Dorf an Polen abgetreten wurde, kamen die Kinder nach Ostdeutschland und wurden in gesonderte Pflegestellen untergebracht. 1951 kamen sie nach Westdeutschland, wo ihre Mutter lebte. 1953 gab es durch Vermittlung des Deutschen Roten Kreuzes ein Wiedersehen zwischen dem ehemaligen sowjetischen Oberleutnant mit den Kindern, die bei ihm in Bonn, wo er sich niedergelassen hatte, ein paar Wochen verweilten.
Olschwangs Erzählungen machen uns vertraut mit den Menschen in der Sowjetunion, sie lassen uns ihre brüderliche Seelenverwandtschaft jenseits der politischen Systeme spüren, sie entziehen jedem kollektiven Haß den Boden. Die epische Kraft seiner Sprache erinnert an die großen russischen Erzähler. . .“

Rias Berlin

MORSTADT VERLAG KEHL STRASBOURG BASEL

André Weckmann
Odile oder das magische Dreieck
Roman

340 Seiten, Ganzleinen

Ein Märchen-Thriller, ein Fantasy-Roman, ein Politthriller? — Es geht in diesem spannungsgeladenen Roman um viel mehr als die Elsaß-Thematik als solche. Es handelt sich um ein Plädoyer für eine Minderheit, für alle Minderheiten, um ein äußerst brisantes Problem: Haben Minderheiten noch eine Überlebenschance? Odile stellt Fragen und liefert Antworten, die weltweit Gültigkeit haben können.
Tatort Blodersche, ein Krautdorf im Elsaß. Ittel, ein Autonomist und die verführerische Hexe Odile halten dort den Staatspräsidenten gefangen, den sie zwecks Umschulung entführt haben. Doch der zeigt sich resistent und bringt es mit effizientem Charme sogar zuwege, das Dorf für sich zu gewinnen.
Im Ringen mit und um Odile aber zieht er schließlich den kürzeren. Eine Niederlage, der er dennoch eine Rose abgewinnt. Und das Leben im Elsaß geht weiter wie gehabt.
Elsässische Planspiele der Liebe oder der elsässische Versuch, ein Problem zu lösen, das andernorts nur mit Haß und Gewalt angegangen wird?
Scharfe Ironie paart sich mit Zärtlichkeit, Spritziges mit Surrealem, Hokuspokus mit tiefem Ernst, Wirklichkeit mit Politfiction.
Ein neuer, origineller, überraschender Weckmann.
„. . . André Weckmanns Sprache verdankt seine urwüchsige Eigenwilligkeit, seine leuchtkräftigen Farben und seine muskulöse Sehnigkeit dem Umstand, daß es fern vom deutschen Sprachraum ein vom Umgangsdeutsch unberührtes Eigenleben führen konnte . . .“

Fernand Hoffmann, Luxemburger Wort

MORSTADT VERLAG KEHL STRASBOURG BASEL